Rudolf Steiner

Nahrung für die Seele

Die Wochensprüche des Seelenkalenders

Rudolf Steiner Ausgaben

3. Auflage 2025

Herausgeber: Rudolf Steiner Ausgaben
(Monika Grimm und Pietro Archiati, Bad Liebenzell)
Druck: GGP Media GmbH, Pößneck

ISBN: 978-3-86772-226-1

Rudolf Steiner Ausgaben e. K.
Burghaldenweg 37 · D-75378 Bad Liebenzell
Telefon: (07052) 935284 · Telefax: (07052) 934809
anfrage@rudolfsteinerausgaben.com
www.rudolfsteinerausgaben.com

Inhalt

Des Menschen Leben ist dem Zeitenlauf verbunden.
Wachen und Schlafen regeln die menschliche Organisa-
tion; die Natur bringt in Tag und Nacht zum Aus-
drucke, was sie in ihrem Schoosse als die Bedingunge
birgt für Wachen und Schlafen. Weniger als dem Ta-
geslaufe gegenüber fühlt der Mensch seines Wesens Ver-
wandtschaft mit grösseren Zeitperioden. Ist solch eine Ver-
wandtschaft nicht vorhanden? Eine tiefere Betrachtung
des <u>Kalenders</u> ist geeignet, Antwort auf diese Frage
zu geben. In den Ereignissen des Jahreslaufes drücken
sich umfassendere Verhältnisse des Weltenlaufes aus als
in der Folge von Tag und Nacht. Ihnen gegenüber
fühlt der Mensch sein Leben ablaufen, wie aus den
eigenen Bedingungen seiner leiblichen und seelischen
Entwickelung selbständig sich ergebend.

Vorwort für die 1. Ausgabe (1912)

Des Menschen Leben ist dem Zeitenlauf verbunden./ Wachen und Schlafen regeln die menschlich Organisa/tion; die Natur bringt in Tag und Nacht zum Aus/drucke, was sie in ihrem Schooße als die Be dingungen/ birgt für Wachen und Schlafen. Weniger als dem Ta/geslaufe gegenüber fühlt der Mensc seines Wesens Ver/wandtschaft mit größeren Zeitperioden. Ist solch eine Ver/wandtschaft nicht vo handen? Eine tiefere Betrachtung/ des *Kalenders* ist geeignet, Antwort auf diese Frage/ zu geber In den Ereignissen des Jahreslaufes drücken/ sich umfassendere Verhältnisse des Weltenlaufes au als/ in der Folge von Tag und Nacht. Ihnen gegenüber/ fühlt der Mensch sein Leben ablaufen, wie au den/ eigenen Bedingungen seiner leiblichen und seelischen/ Entwickelung selbständig sich ergebenc

Vorwort zur 2. Ausgabe (1918)

Der Jahreslauf hat sein eigenes Leben. Die Menschenseele kann dieses Leben mitempfinden. Lässt sie, was von Woche zu Woche anders spricht aus dem Leben des Jahres, auf sich wirken, dann wird sie sich durch solches Mitleben selber erst richtig finden. Sie wird fühlen, wie ihr dadurch Kräfte erwachsen, die sie von innen aus stärken. Sie wird bemerken, dass solche Kräfte in ihr geweckt sein wollen durch den Anteil, den sie nehmen kann an dem Sinn des Weltenlaufes, wie er sich in der Zeitenfolge abspielt. Sie wird dadurch erst gewahr werden, welche zarten, aber bedeutungsvollen Verbindungsfäden bestehen zwischen sich und der Welt, in die sie hineingeboren ist.

In diesem Kalender ist für jede Woche ein solcher Spruch verzeichnet, der die Seele miterleben lässt, was in dieser Woche als Teil des gesamten Jahreslebens sich vollzieht. Was dieses Leben in der Seele erklingen lässt, wenn diese sich mit ihm vereinigt, soll in dem Spruch ausgedrückt sein. An ein gesundes «sich eins fühlen» mit dem Gang der Natur und an ein daraus erstehendes kräftiges «sich selbst finden» ist gedacht, indem geglaubt wird, ein Mitempfinden des Weltenlaufes im Sinne solcher Sprüche sei für die Seele etwas, wonach sie Verlangen trägt, wenn sie sich nur selbst recht versteht.

Rudolf Steiner

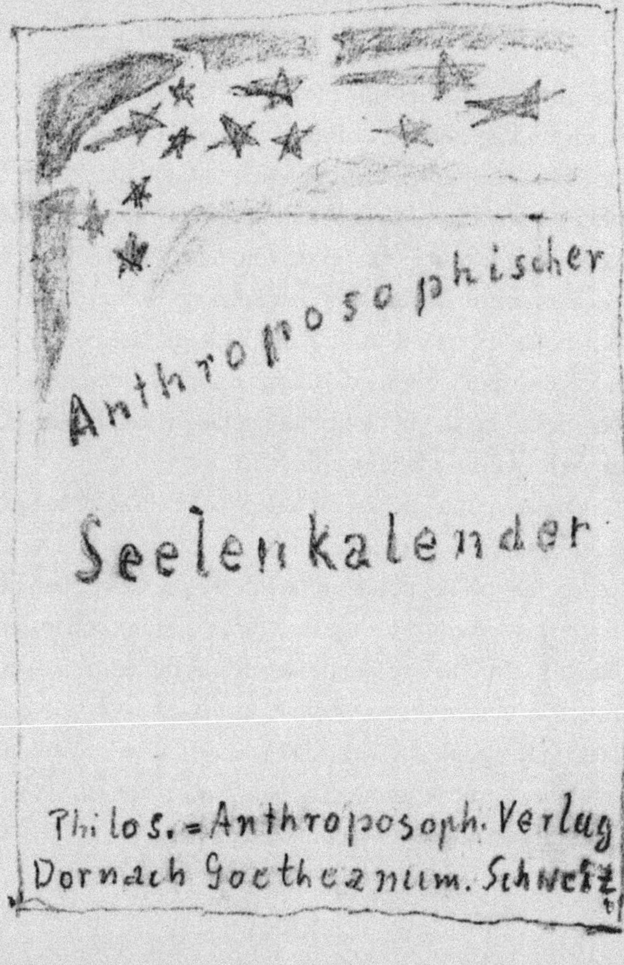

Entwurf Rudolf Steiners für den Umschlag (Ausgabe 1925)

1. Woche

Frühling
Osterstimmung

Wenn aus den Weltenweiten
Die Sonne spricht zum Menschensinn
Und Freude aus den Seelentiefen
Dem Licht sich eint im Schauen,
Dann ziehen aus der Selbstheit Hülle
Gedanken in die Raumesfernen
Und binden dumpf
Des Menschen Wesen an des Geistes Sein.

(Gegenspruch: 52. Woche)

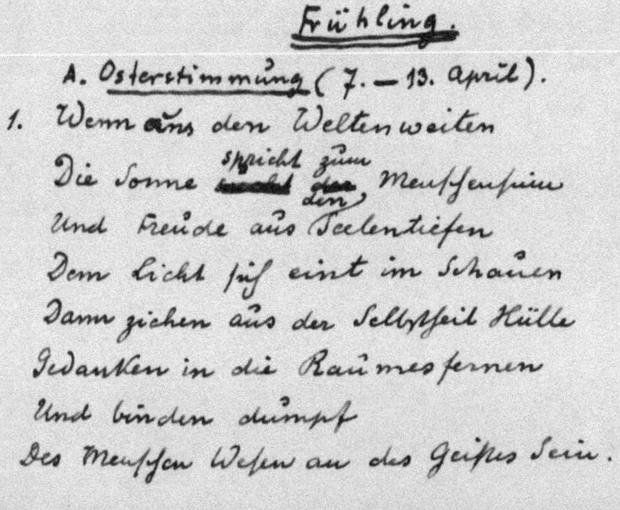
Frühling.

A. Osterstimmung (7. – 13. April).

1. Wenn aus den Weltenweiten
Die Sonne spricht zum Menschensinn
Und Freude aus den Seelentiefen
Dem Licht sich eint im Schauen
Dann ziehen aus der Selbstheit Hülle
Gedanken in die Raumesfernen
Und binden dumpf
Des Menschen Wesen an des Geistes Sein.

2. Woche

Ins Äussre des Sinnesalls
Verliert Gedankenmacht ihr Eigensein;
Es finden Geisteswelten
Den Menschensprossen wieder,
Der seinen Keim in ihnen,
Doch seine Seelenfrucht
In sich muss finden.

(Gegenspruch: 51. Woche)

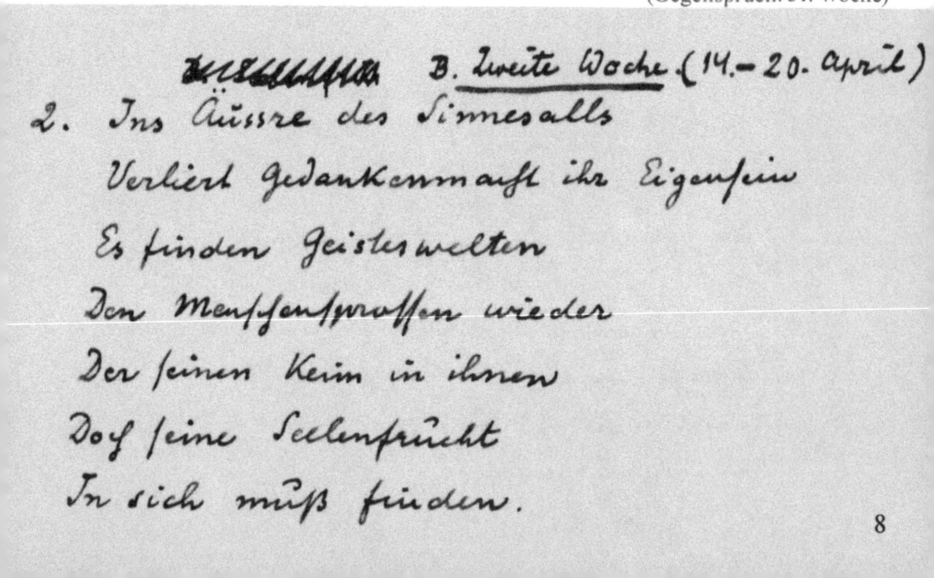
B. Zweite Woche (14.–20. April)

2. Ins Äussre des Sinnesalls
Verliert Gedankenmacht ihr Eigensein
Es finden Geisteswelten
Den Menschensprossen wieder
Der seinen Keim in ihnen
Doch seine Seelenfrucht
In sich muß finden.

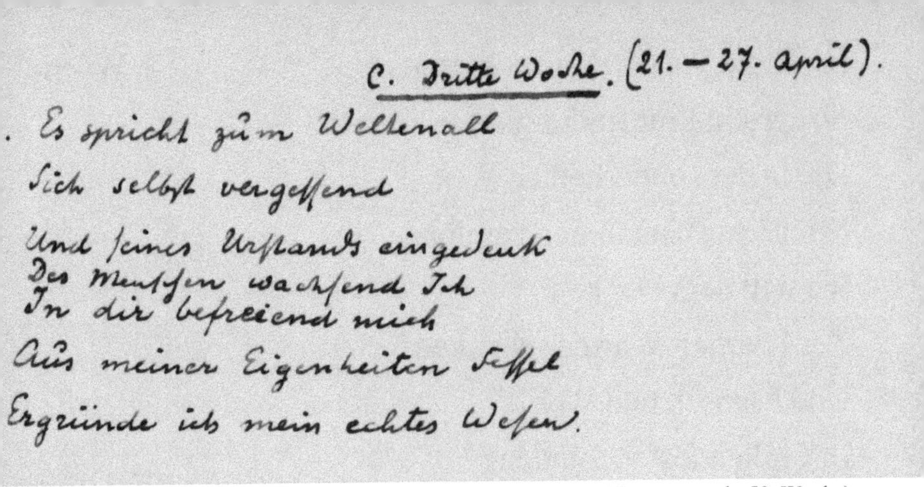
C. Dritte Woche. (21.–27. april).

Es spricht zum Weltenall
Sich selbst vergessend
Und seines Urstands eingedenk
Des Menschen wachsend Ich
In dir befreiend mich
Aus meiner Eigenheiten Fessel
Ergründe ich mein echtes Wesen.

(Gegenspruch: 50. Woche)

Es spricht zum Weltenall,
Sich selbst vergessend
Und seines Urstands eingedenk,
Des Menschen wachsend Ich:
In dir, befreiend mich
Aus meiner Eigenheiten Fessel,
Ergründe ich mein echtes Wesen.

3. Woche

4. Woche

Ich fühle Wesen meines Wesens,
So spricht Empfindung,
Die in der sonnerhellten Welt
Mit Lichtesfluten sich vereint;
Sie will dem Denken
Zur Klarheit Wärme schenken
Und Mensch und Welt
In Einheit fest verbinden.

(Gegenspruch: 49. Woche)

D. Vierte Woche (28. April – 4. Mai

4. Ich fühle Wesen meines Wesens
So spricht Empfindung
Die in der sonnerhellten Welt
Mit Lichtesfluten sich vereint
Sie will dem Denken
Zur Klarheit Wärme schenken
Und Mensch und Welt
In Einheit fest verbinden.

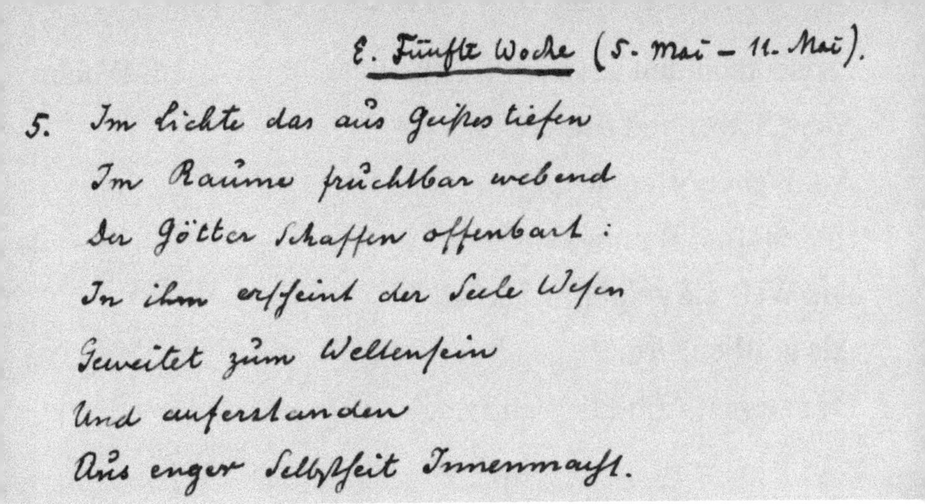
E. Fünfte Woche (5. Mai – 11. Mai).

5. Im Lichte das aus Geistestiefen
Im Raume fruchtbar webend
Der Götter Schaffen offenbart:
In ihm erscheint der Seele Wesen
Geweitet zum Weltensein
Und auferstanden
Aus enger Selbstheit Innenmacht.

(Gegenspruch: 48. Woche)

Im Lichte das aus Geistestiefen
Im Raume fruchtbar webend
Der Götter Schaffen offenbart:
In ihm erscheint der Seele Wesen
Geweitet zum Weltensein
Und auferstanden
Aus enger Selbstheit Innenmacht.

5. Woche

6. Woche

Es ist erstanden aus der Eigenheit
Mein Selbst und findet sich
Als Weltenoffenbarung
In Zeit- und Raumeskräften;
Die Welt, sie zeigt mir überall
Als göttlich Urbild
Des eignen Abbilds Wahrheit.

(Gegenspruch: 47. Woche)

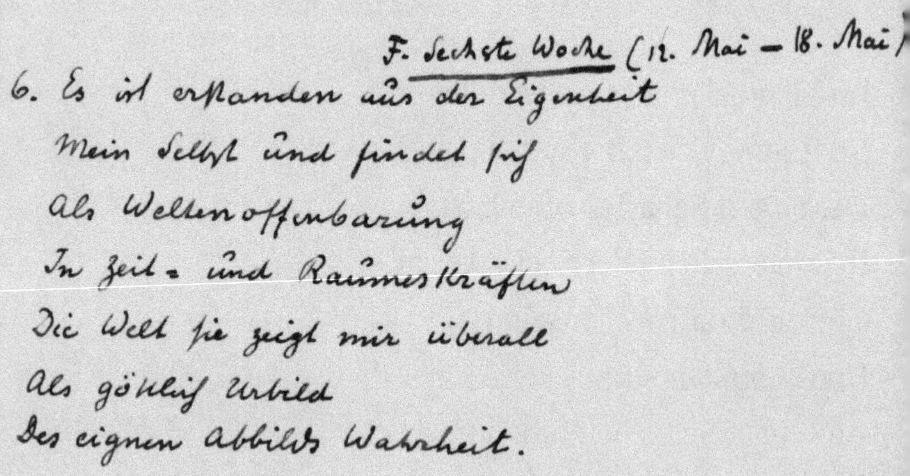
F. Sechste Woche (12. Mai – 18. Mai)
6. Es ist erstanden aus der Eigenheit
Mein Selbst und findet sich
Als Weltenoffenbarung
In Zeit- und Raumeskräften
Die Welt sie zeigt mir überall
Als göttlich Urbild
Des eignen Abbilds Wahrheit.

9. Siebente Woche (19. Mai – 25. Mai).

7. Mein Selbst es drohet zu entfliehen
Vom Weltenlichte mächtig angezogen
Nun trete du mein Ahnen
In deine Rechte kräftig ein
Ersetze mir des Denkens Macht
Das in der Sinne Schein
Sich selbst verlieren will.

(Gegenspruch: 46. Woche)

Mein Selbst, es drohet zu entfliehen
Vom Weltenlichte mächtig angezogen
Nun trete du mein Ahnen
In deine Rechte kräftig ein,
Ersetze mir des Denkens Macht,
Das in der Sinne Schein
Sich selbst verlieren will.

7. Woche

8. Woche

Es wächst der Sinne Macht
Im Bunde mit der Götter Schaffen,
Sie drückt des Denkens Kraft
Zur Traumes Dumpfheit mir herab.
Wenn göttlich Wesen
Sich meiner Seele einen will,
Muss menschlich Denken
Im Traumessein sich still bescheiden.

(Gegenspruch: 45. Woche)

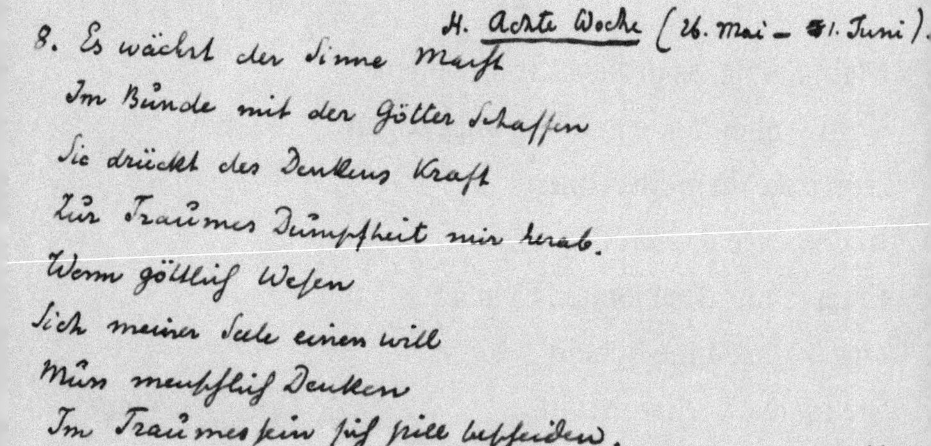
H. Achte Woche (26. Mai – 1. Juni).
8. Es wächst der Sinne Macht
Im Bunde mit der Götter Schaffen
Sie drückt des Denkens Kraft
Zur Traumes Dumpfheit mir herab.
Wenn göttlich Wesen
Sich meiner Seele einen will
Muss menschlich Denken
Im Traumessein sich still bescheiden.

J. Neunte Woche (2. Juni – 8. Juni).

9. Vergessend meine Willenseigenheit
Erfüllet Weltenwärme sommerkündend
Mir Geist und Seelenwesen
Im Licht mich zu verlieren
Gebietet mir das Geistesschauen
Und kraftvoll kündet Ahnung mir
Verliere dich, um dich zu finden.

(Gegenspruch: 44. Woche)

Vergessend meine Willenseigenheit
Erfüllet Weltenwärme sommerkündend
Mir Geist und Seelenwesen;
Im Licht mich zu verlieren
Gebietet mir das Geistesschauen,
Und kraftvoll kündet Ahnung mir:
Verliere dich, um dich zu finden.

9. Woche

10. Woche

Zu sommerlichen Höhen
Erhebt der Sonne leuchtend Wesen sich,
Es nimmt mein menschlich Fühlen
In seine Raumesweiten mit,
Erahnend regt im Innern sich
Empfindung, dumpf mir kündend,
Erkennen wirst du einst:
Dich fühlte jetzt ein Gotteswesen.

(Gegenspruch: 43. Woche)

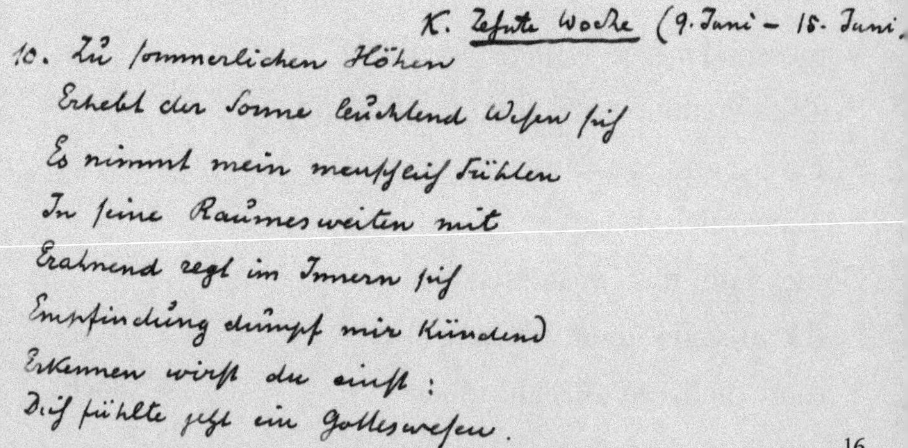

K. Zehnte Woche (9. Juni – 15. Juni.

10. Zu sommerlichen Höhen
Erhebt der Sonne leuchtend Wesen sich
Es nimmt mein menschlich Fühlen
In seine Raumesweiten mit
Erahnend regt im Innern sich
Empfindung dumpf mir kündend
Erkennen wirst du einst:
Dich fühlte jetzt ein Gotteswesen.

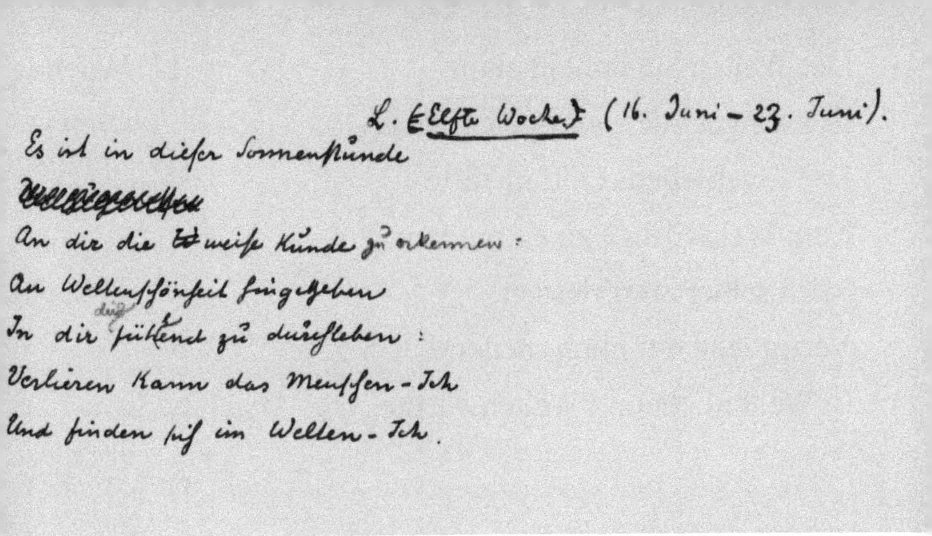
L. {Elfte Woche} (16. Juni – 23. Juni).

Es ist in dieser Sonnenstunde

An dir die weise Kunde zu erkennen:

An Weltenschönheit hingegeben

In dir (dich) fühlend zu durchleben:

Verlieren kann das Menschen-Ich

Und finden sich im Welten-Ich.

(Gegenspruch: 42. Woche)

Es ist in dieser Sonnenstunde
An dir, die weise Kunde zu erkennen:
An Weltenschönheit hingegeben,
In dir (dich) fühlend zu durchleben:
Verlieren kann das Menschen-Ich
Und finden sich im Welten-Ich.

11. Woche

12. Woche

Johannes-Stimmung

Der Welten Schönheitsglanz,
Er zwinget mich aus Seelentiefen,
Des Eigenlebens Götterkräfte
Zum Weltenfluge zu entbinden;
Mich selber zu verlassen,
Vertrauend nur mich suchend
In Weltenlicht und Weltenwärme.

(Gegenspruch: 41. Woche)

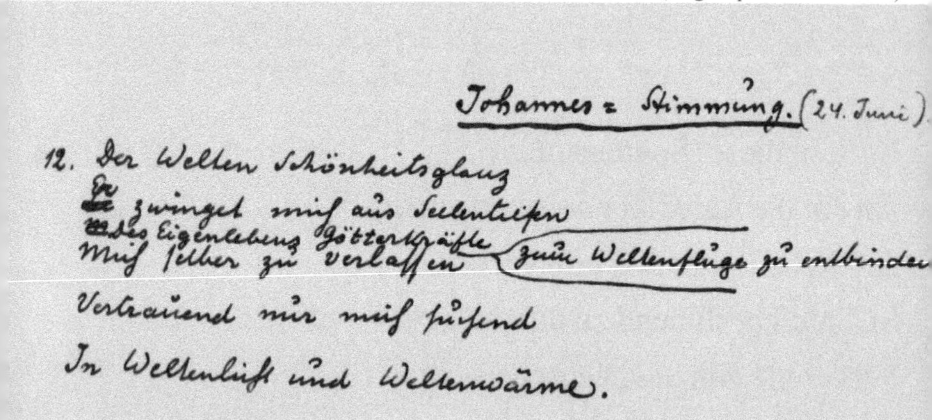
Johannes = Stimmung. (24. Juni)

12. Der Welten Schönheitsglanz
Er zwinget mich aus Seelentiefen
des Eigenlebens Götterkräfte
Mich selber zu verlassen — zum Weltenfluge zu entbinden
Vertrauend nur mich suchend
In Weltenlicht und Weltenwärme.

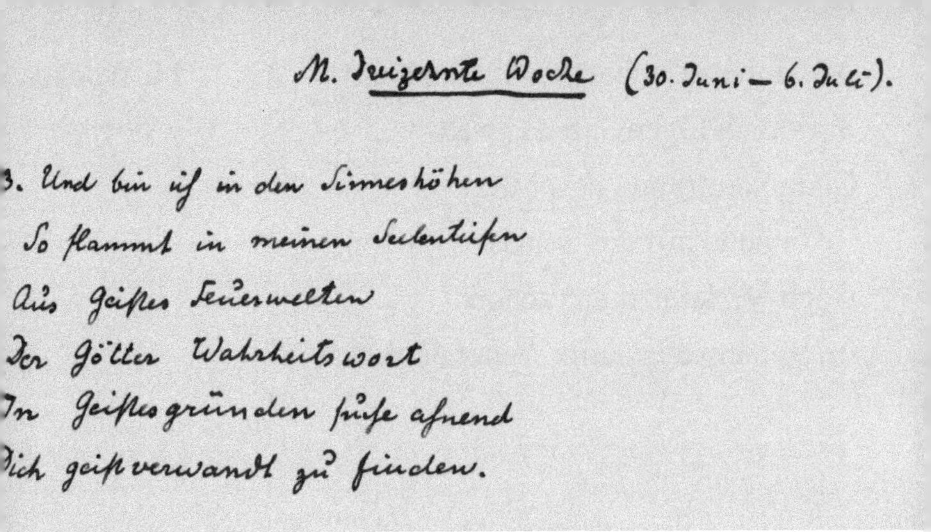
M. Dreizehnte Woche (30. Juni – 6. Juli).

3. Und bin ich in den Sinneshöhen
So flammt in meinen Seelentiefen
Aus Geistes Feuerwelten
Der Götter Wahrheitswort
In Geistesgründen suche ahnend
Dich geistverwandt zu finden.

(Gegenspruch: 40. Woche)

Und bin ich in den Sinneshöhen,
So flammt in meinen Seelentiefen
Aus Geistes Feuerwelten
Der Götter Wahrheitswort:
In Geistesgründen suche ahnend
Dich geistverwandt zu finden.

13. Woche

14. Woche

Sommer

An Sinnesoffenbarung hingegeben
Verlor ich Eigenwesens Trieb,
Gedankentraum, er schien
Betäubend mir das Selbst zu rauben,
Doch weckend nahet schon
Im Sinnenschein mir Weltendenken.

(Gegenspruch: 39. Woche)

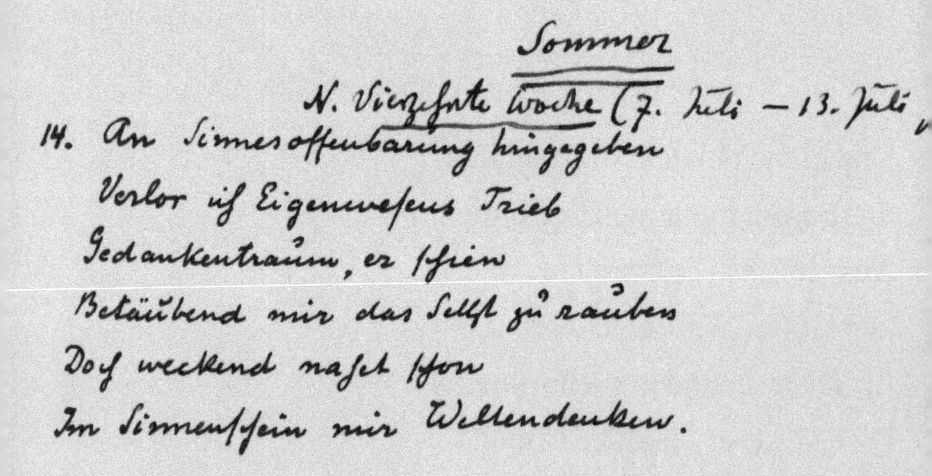
Sommer

N. Vierzehnte Woche (7. Juli – 13. Juli

14. An Sinnesoffenbarung hingegeben
Verlor ich Eigenwesens Trieb
Gedankentraum, er schien
Betäubend mir das Selbst zu rauben
Doch weckend nahet schon
Im Sinnenschein mir Weltendenken.

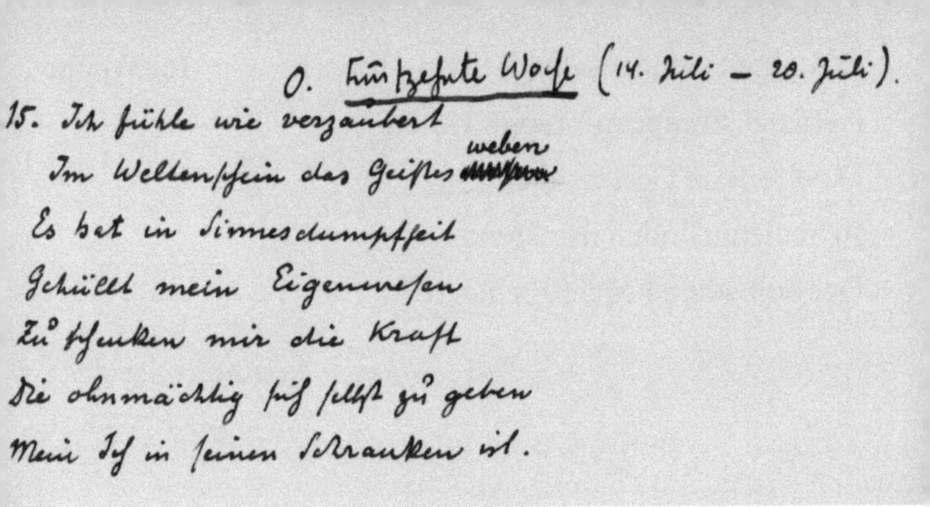
0. Fünfzehnte Woche (14. Juli – 20. Juli).
15. Ich fühle wie verzaubert
Im Weltenschein das Geistesweben
Es hat in Sinnesdumpfheit
Gehüllt mein Eigenwesen
Zu schenken mir die Kraft
Die ohnmächtig sich selbst zu geben
Mein Ich in seinen Schranken ist.

(Gegenspruch: 38. Woche)

Ich fühle, wie verzaubert
Im Weltenschein das Geistesweben,
Es hat in Sinnesdumpfheit
Gehüllt mein Eigenwesen,
Zu schenken mir die Kraft,
Die ohnmächtig sich selbst zu geben
Mein Ich in seinen Schranken ist.

15. Woche

16. Woche

Zu bergen Geistgeschenk in (im) Innern,
Gebietet strenge mir mein Ahnen,
Dass reifend Gottesgaben
In Seelengründen fruchtend
Der Selbstheit Früchte bringen.

(Gegenspruch: 37. Woche)

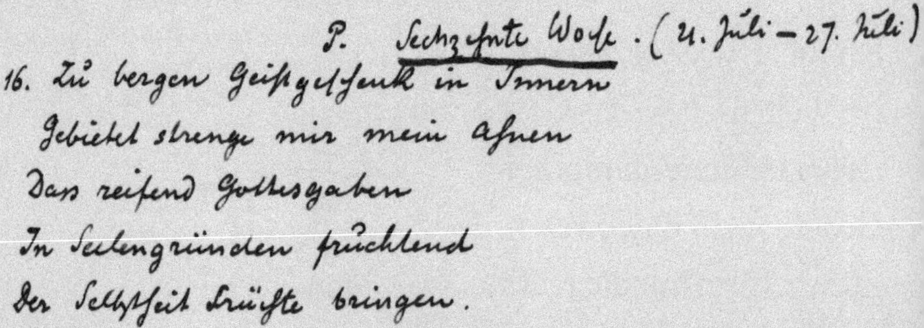

P. Sechzehnte Woche. (21. Juli – 27. Juli)

16. Zu bergen Geistgeschenk in Innern
Gebietet strenge mir mein Ahnen
Dass reifend Gottesgaben
In Seelengründen fruchtend
Der Selbstheit Früchte bringen.

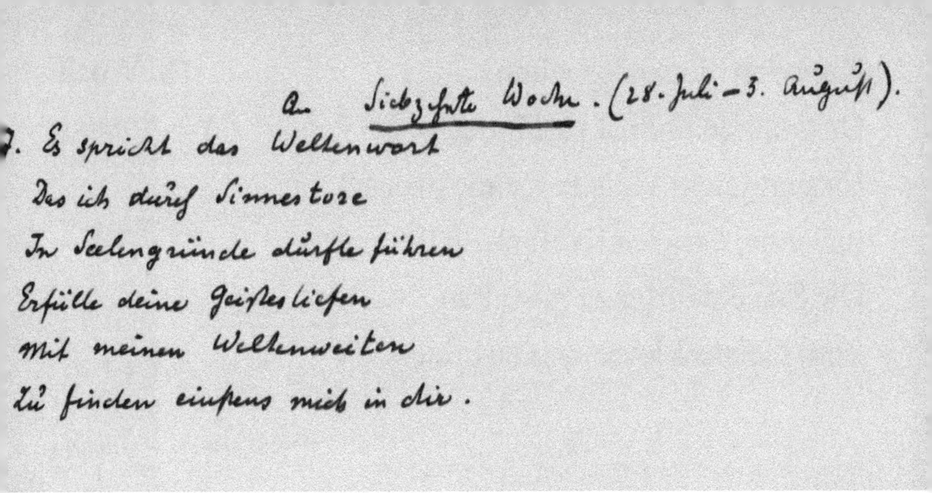
An Siebzehnte Woche. (28. Juli – 3. August).
17. Es spricht das Weltenwort
Das ich durch Sinnestore
In Seelengründe durfte führen
Erfülle deine Geistestiefen
Mit meinen Weltenweiten
Zu finden einstens mich in dir.

(Gegenspruch: 36. Woche)

Es spricht das Weltenwort,
Das ich durch Sinnestore
In Seelengründe durfte führen:
Erfülle deine Geistestiefen
Mit meinen Weltenweiten,
Zu finden einstens mich in dir.

17. Woche

Kann ich die Seele weiten,
Dass sie sich selbst verbindet
Empfangnem Welten-Keimesworte?
Ich ahne, dass ich Kraft muss finden
Die Seele würdig zu gestalten,
Zum Geisteskleide sich zu bilden.

18. Woche
Sommer

(Gegenspruch: 35. Woche)

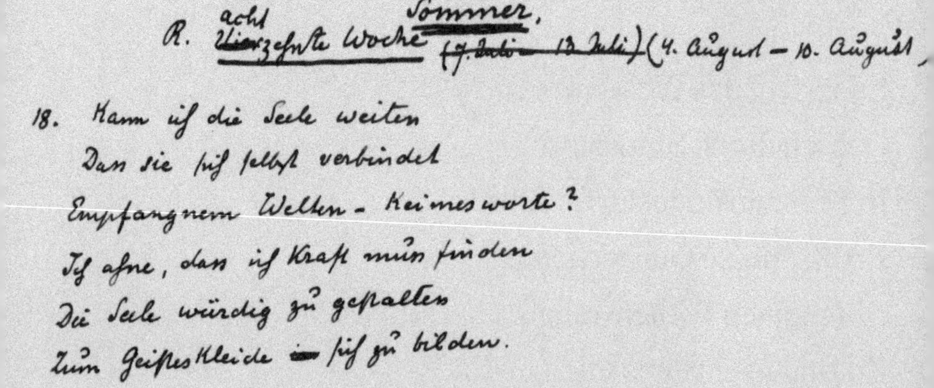

R. ~~Vierzehnte~~ achtzehnte Woche Sommer. ~~(7. Juli – 13. Juli)~~ (4. August – 10. August)

18. Kann ich die Seele weiten
Dass sie sich selbst verbindet
Empfangnem Welten - Keimesworte?
Ich ahne, dass ich Kraft muss finden
Die Seele würdig zu gestalten
Zum Geisteskleide sich zu bilden.

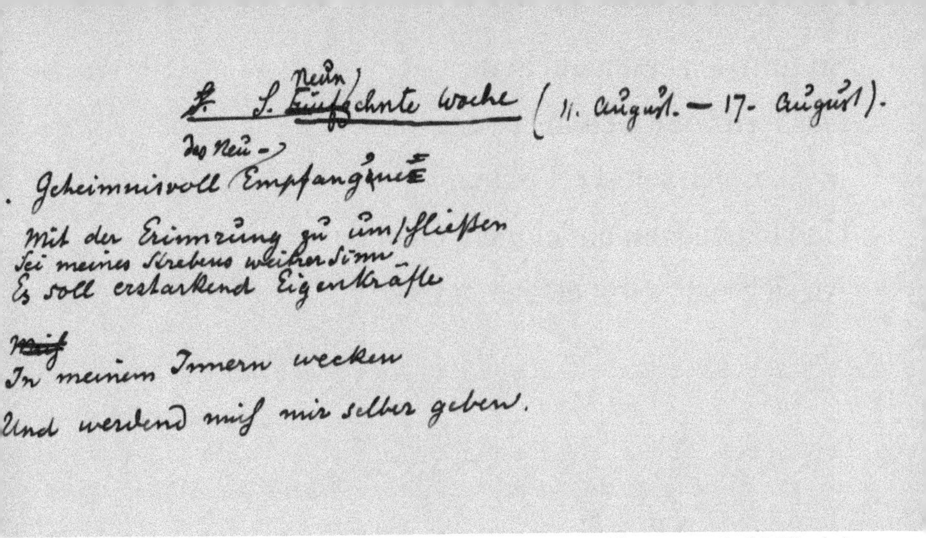
Neunzehnte Woche (11. August. – 17. August).

das Neu –
Geheimnisvoll Empfangene
Mit der Erinnrung zu umschliessen
Sei meines Strebens weitrer Sinn
Es soll erstarkend Eigenkräfte
In meinem Innern wecken
Und werdend mich mir selber geben.

(Gegenspruch: 34. Woche)

Geheimnisvoll das Neu-Empfang'ne
Mit der Erinnrung zu umschließen,
Sei meines Strebens weitrer Sinn,
Es soll erstarkend Eigenkräfte
In meinem Innern wecken
Und werdend mich mir selber geben.

19. Woche

20. Woche

So fühl' ich erst mein Sein;
Das fern vom Welten Dasein
In sich, sich selbst erlöschen
Und bauend nur auf eignem Grunde
An sich sich selbst ertöten müsste.

(Gegenspruch: 33. Woche)

I. Zwanzigste Woche (18. August – 24. August

20. So fühl' ich erst mein Sein;
Das fern vom Welten Daseins~~gründe~~
In sich ~~nur~~ sich selbst erlöschen
Und bauend nur auf eignem Grunde
An sich sich selbst ertöten müsste.

21. Einundzwanzigste Woche (25. August – 31. August).

1. Ich fühle fruchtend fremde Macht
Sich stärkend mir mich selbst verleihn
Den Keim empfind ich reifend
Und Ahnung lichtvoll weben
Im Innern an der Selbstheit Macht.

(Gegenspruch: 32. Woche)

Ich fühle fruchtend fremde Macht
Sich stärkend mir mich selbst verleihn,
Den Keim empfind ich reifend
Und Ahnung lichtvoll weben
Im Innern an der Selbstheit Macht.

21. Woche

22. Woche

Das Licht aus Weltenweiten,
Im Innern lebt es kräftig fort;
Es wird zum Seelenlichte
Und leuchtet in die Geistestiefen,
Um Früchte zu entbinden,
Die Menschenselbst aus Weltenselbst
Im Zeitenlaufe reifen lassen.

(Gegenspruch: 31. Woche)

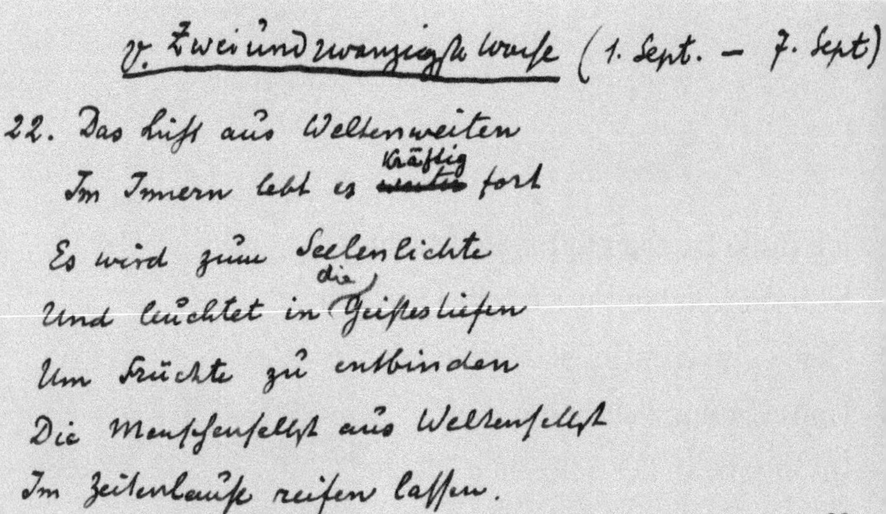
V. Zweiundzwanzigste Woche (1. Sept. – 7. Sept)

22. Das Licht aus Weltenweiten
Im Innern lebt es ~~weiter~~ kräftig fort
Es wird zum Seelenlichte
Und leuchtet in die Geistestiefen
Um Früchte zu entbinden
Die Menschenselbst aus Weltenselbst
Im Zeitenlaufe reifen lassen.

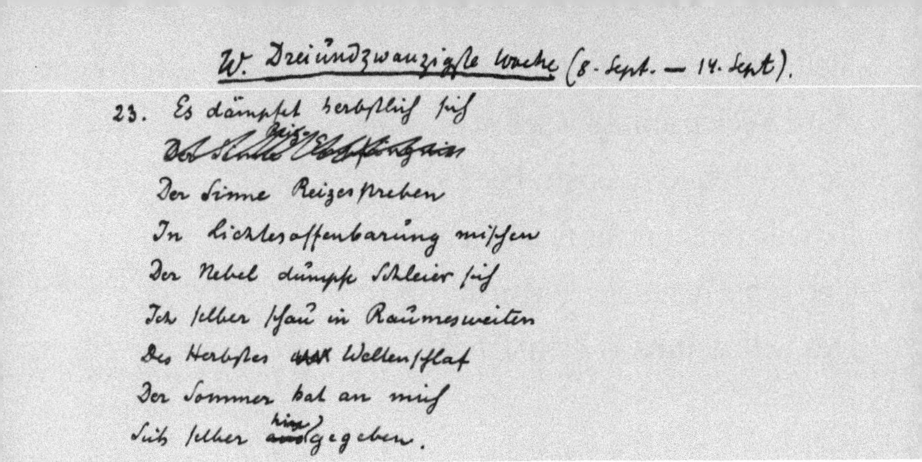
W. Dreiundzwanzigste Woche (8. Sept. — 14. Sept).

23. Es dämpfet herbstlich sich
Der Sinne Reizesstreben
In Lichtesoffenbarung mischen
Der Nebel dumpfe Schleier sich
Ich selber schau in Raumesweiten
Des Herbstes Weltenschlaf
Der Sommer hat an mich
Sich selber hingegeben.

(Gegenspruch: 30. Woche)

Es dämpfet herbstlich sich
Der Sinne Reizesstreben;
In Lichtesoffenbarung mischen
Der Nebel dumpfe Schleier sich,
Ich selber schau in Raumesweiten
Des Herbstes Weltenschlaf,
Der Sommer hat an mich
Sich selber hingegeben.

23. Woche

Sich selbst erschaffend stets **24. Woche**

Wird Seelensein sich selbst gewahr,
Der Weltengeist, er strebet fort
In Selbsterkenntnis neu belebt
Und schafft aus Seelenfinsternis
Des Selbstsinns Willensfrucht.

(Gegenspruch: 29. Woche)

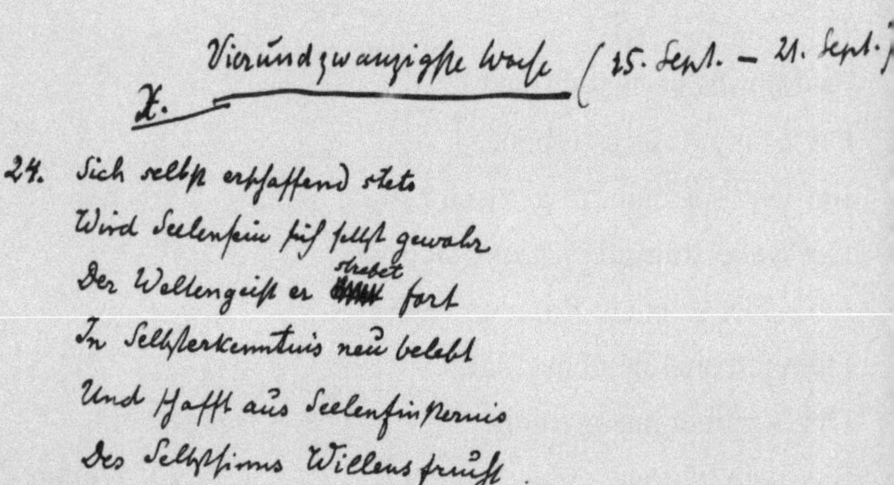

X. Vierundzwanzigste Woche (15. Sept. – 21. Sept.)

24. Sich selbst erschaffend stets
Wird Seelensein sich selbst gewahr
Der Weltengeist er ~~[illegible]~~ strebet fort
In Selbsterkenntnis neu belebt
Und schafft aus Seelenfinsternis
Des Selbstsinns Willensfrucht.

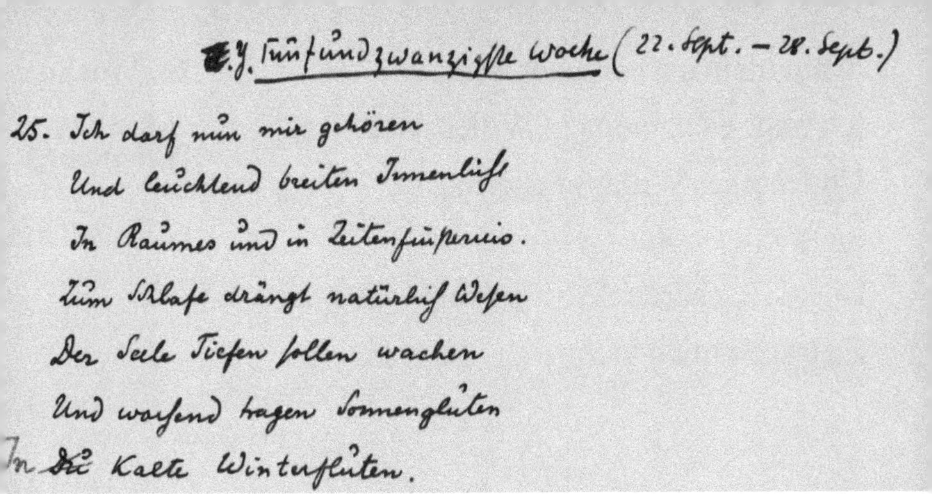
25. Fünfundzwanzigste Woche (22. Sept. – 28. Sept.)

25. Ich darf nun mir gehören
Und leuchtend breiten Innenlicht
In Raumes und in Zeitenfinsternis.
Zum Schlafe drängt natürlich Wesen
Der Seele Tiefen sollen wachen
Und wachend tragen Sonnengluten
In kalte Winterfluten.

(Gegenspruch: 28. Woche)

Ich darf nun mir gehören
Und leuchtend breiten Innenlicht
In Raumes und in Zeitenfinsternis.
Zum Schlafe drängt natürlich Wesen,
Der Seele Tiefen sollen wachen
Und wachend tragen Sonnengluten
In kalte Winterfluten.

25. Woche

26. Woche

Michaeli-
Stimmung

Natur, dein mütterliches Sein,
Ich trage es in meinem Willenswesen;
Und meines Willens Feuermacht,
Sie stählet meine Geistestriebe,
Dass sie gebären Selbstgefühl,
Zu tragen mich in mir.

(Gegenspruch: 27. Woche)

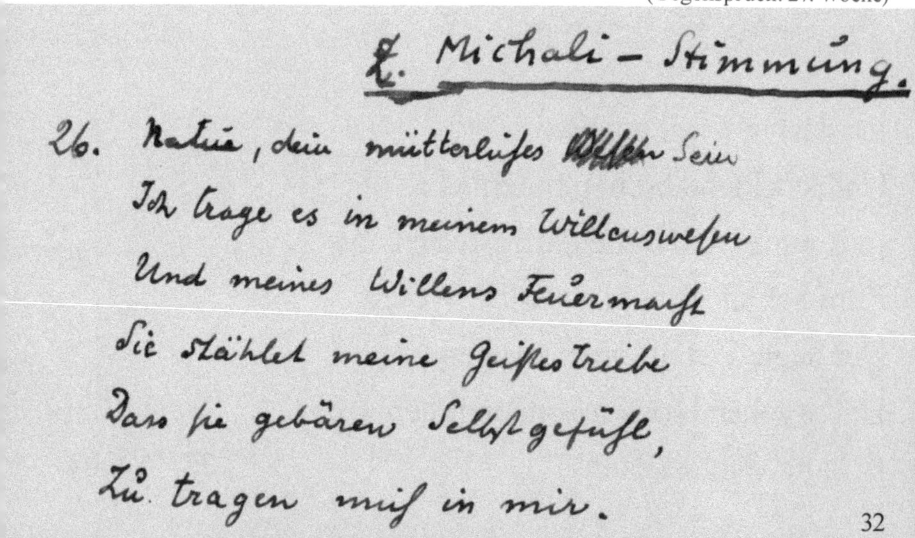
Michali-Stimmung.

26. Natur, dein mütterliches Sein
Ich trage es in meinem Willenswesen
Und meines Willens Feuermacht
Sie stählet meine Geistestriebe
Dass sie gebären Selbstgefühl,
Zu tragen mich in mir.

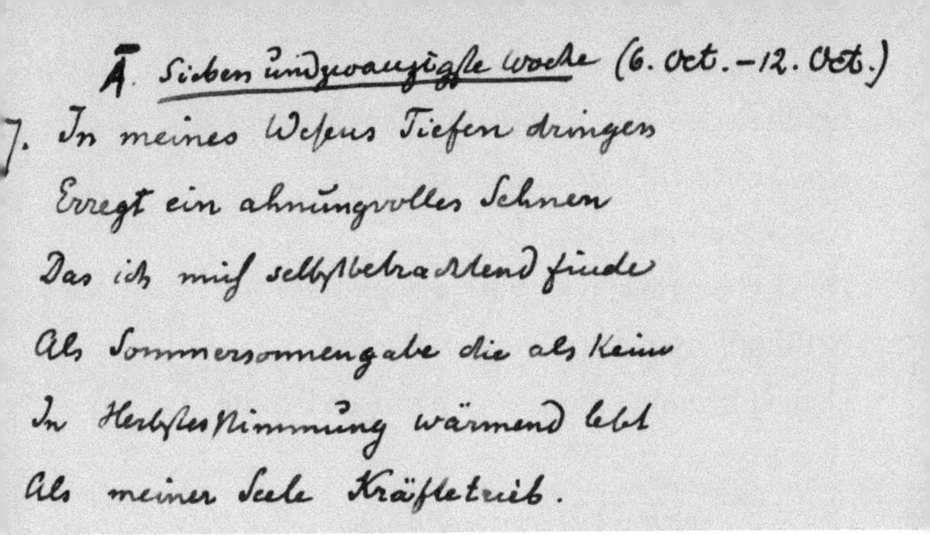
A. Siebenundzwanzigste Woche (6. Oct.–12. Oct.)
7. In meines Wesens Tiefen dringen
Erregt ein ahnungvolles Sehnen
Das ich mich selbstbetrachtend finde
Als Sommersonnengabe die als Keim
In Herbstesstimmung wärmend lebt
Als meiner Seele Kräftetrieb.

(Gegenspruch: 26. Woche)

In meines Wesens Tiefen dringen:
Erregt ein ahnungsvolles Sehnen,
Das ich mich selbstbetrachtend finde,
Als Sommersonnengabe, die als Keim
In Herbstesstimmung wärmend lebt
Als meiner Seele Kräftetrieb.

27. Woche

Ich kann im Innern neubelebt **28. Woche**
Erfüllen (Erfühlen) eignen Wesens Weiten
Und krafterfüllt Gedankenstrahlen
Aus Seelensonnenmacht
Den Lebensrätseln lösend spenden,
Erfüllung manchem Wunsche leihen,
Dem Hoffnung schon die Schwingen lähmte.

(Gegenspruch: 25. Woche)

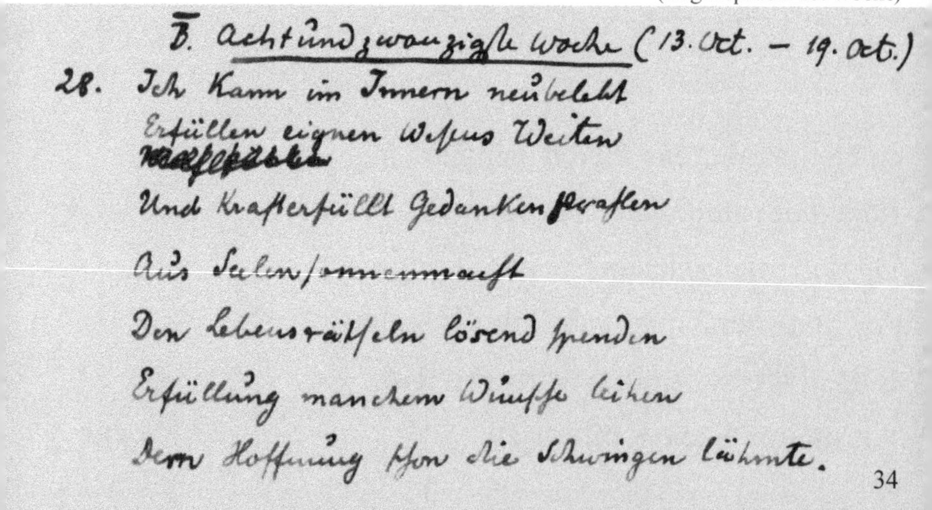
B. Achtundzwanzigste Woche (13. Oct. – 19. Oct.)

28. Ich kann im Innern neubelebt
Erfüllen eignen Wesens Weiten
Und krafterfüllt Gedankenstrahlen
Aus Seelensonnenmacht
Den Lebensrätseln lösend spenden
Erfüllung manchem Wunsche leihen
Dem Hoffnung schon die Schwingen lähmte.

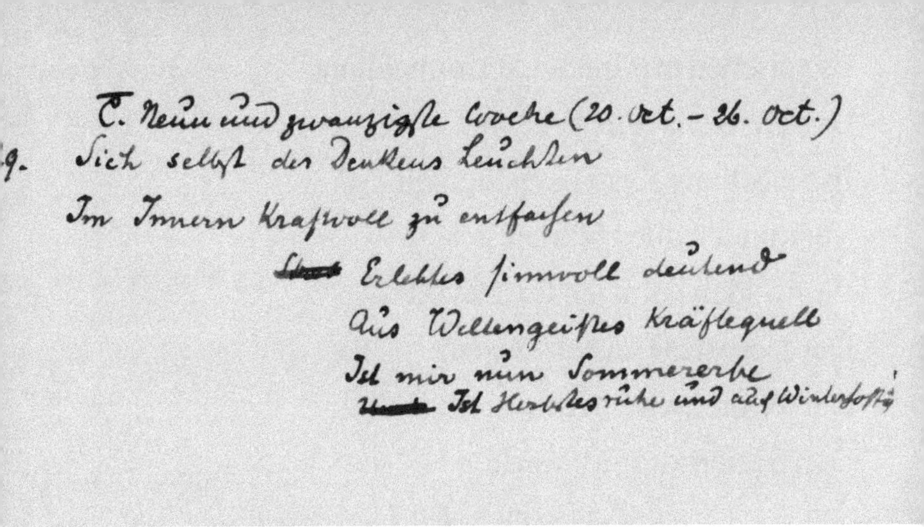

C. Neun und zwanzigste Woche (20. Oct. – 26. Oct.)

9. Sich selbst des Denkens Leuchten
Im Innern kraftvoll zu entfachen
Erlebtes sinnvoll deutend
Aus Weltengeistes Kräftequell
Ist mir nun Sommererbe
Ist Herbstesruhe und auf Winterhoffnung

(Gegenspruch: 24. Woche)

Sich selbst des Denkens Leuchten
Im Innern kraftvoll zu entfachen,
Erlebtes sinnvoll deutend
Aus Weltengeistes Kräftequell,
Ist mir nun Sommererbe
Ist Herbstesruhe und auch Winterhoffnung.

29. Woche

30. Woche

Es sprießen mir im Seelensonnenlicht
Des Denkens reife Früchte,
In Selbstbewußtseins Sicherheit
Verwandelt alles Fühlen sich.
Empfinden kann ich freudevoll
Des Herbstes Geisterwachen:
Der Winter wird in mir
Den Seelensommer wecken.

(Gegenspruch: 23. Woche)

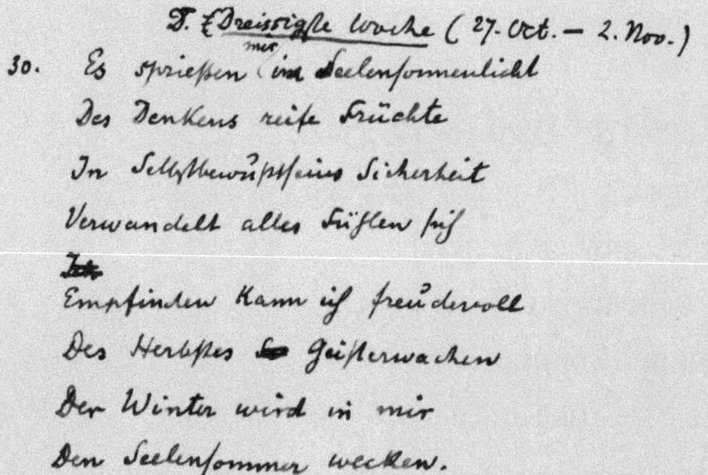
D. Dreissigste Woche (27. Oct. – 2. Nov.)
30. Es spriessen mir im Seelensonnenlicht
Des Denkens reife Früchte
In Selbstbewusstseins Sicherheit
Verwandelt alles Fühlen sich
Empfinden kann ich freudevoll
Des Herbstes Geisterwachen
Der Winter wird in mir
Den Seelensommer wecken.

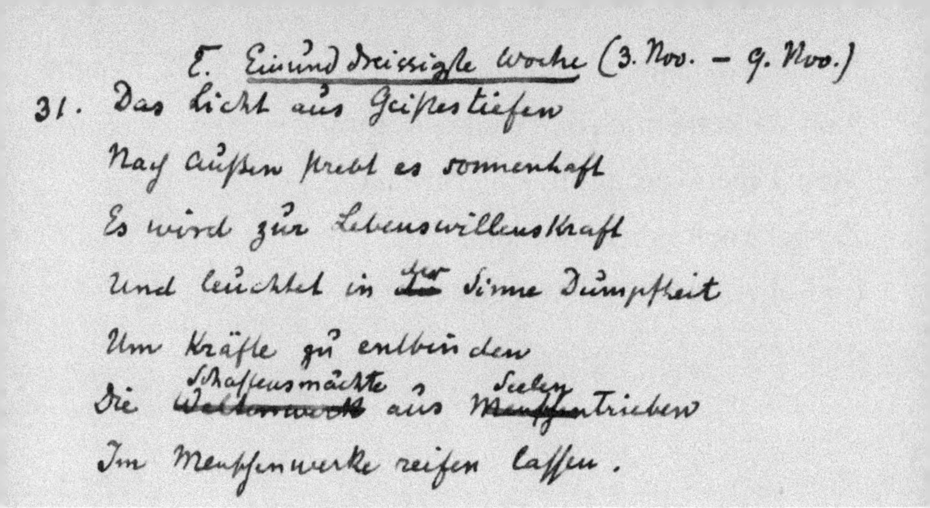
E. Einunddreissigste Woche (3. Nov. – 9. Nov.)

31. Das Licht aus Geistestiefen
Nach außen strebt es sonnenhaft
Es wird zur Lebenswillenskraft
Und leuchtet in der Sinne Dumpfheit
Um Kräfte zu entbinden
Die Schaffensmächte aus Seelentrieben
Im Menschenwerke reifen lassen.

(Gegenspruch: 22. Woche)

Das Licht aus Geistestiefen,
Nach außen strebt es sonnenhaft
Es wird zur Lebenswillenskraft
Und leuchtet in der Sinne Dumpfheit
Um Kräfte zu entbinden
Die Schaffensmächte aus Seelentrieben
Im Menschenwerke reifen lassen.

31. Woche

Ich fühle fruchtend eigne Kraft
Sich stärkend mich der Welt verleihn,
Mein Eigenwesen fühl ich kraftend
Zur Klarheit sich zu wenden
Im Lebensschicksalsweben.

32. Woche

(Gegenspruch: 21. Woche)

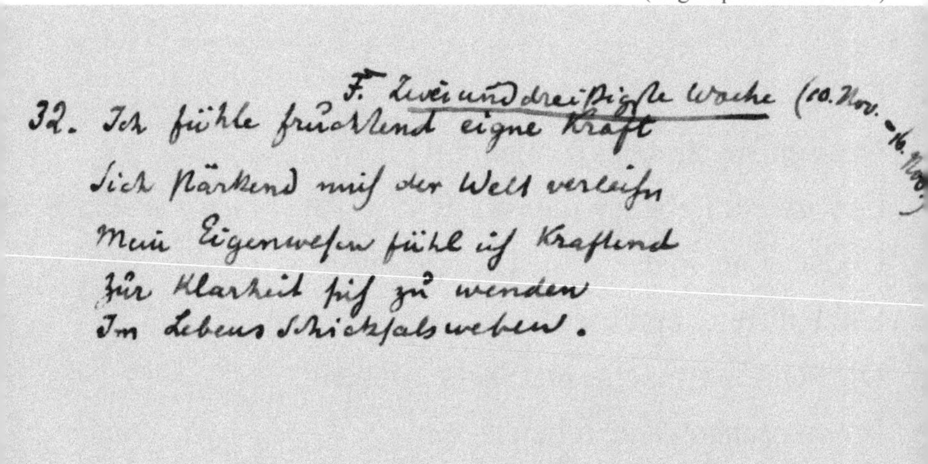
F. Zweiunddreißigste Woche (10. Nov.–16. Nov.)

32. Ich fühle fruchtend eigne Kraft
Sich stärkend mich der Welt verleihn
Mein Eigenwesen fühl ich kraftend
Zur Klarheit sich zu wenden
Im Lebens Schicksalsweben.

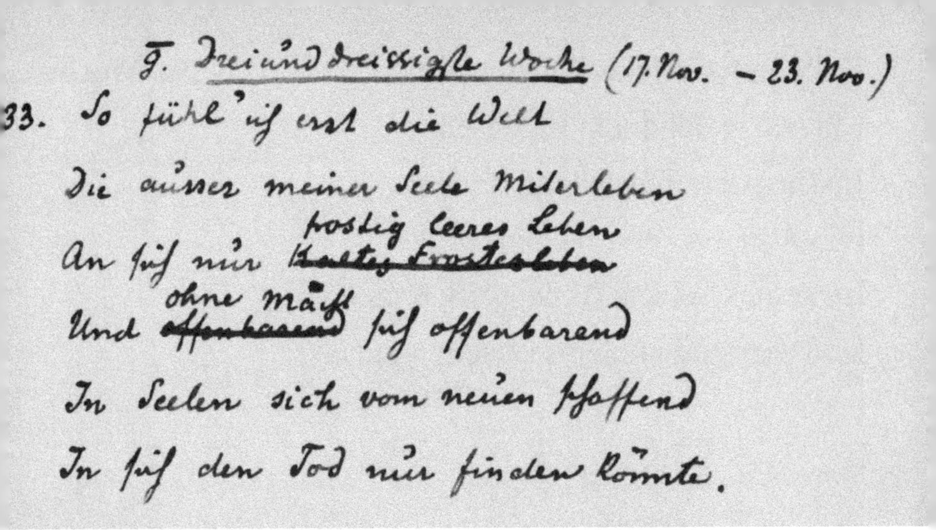

g. Dreiunddreissigste Woche (17. Nov. – 23. Nov.)

33. So fühl' ich erst die Welt
Die ausser meiner Seele Miterleben
An sich nur ~~Kaltes Frostesleben~~ frostig leeres Leben
Und ~~offenbarend~~ ohne Macht sich offenbarend
In Seelen sich vom neuen schaffend
In sich den Tod nur finden könnte.

(Gegenspruch: 20. Woche)

So fühl' ich erst die Welt
Die ausser meiner Seele Miterleben
An sich nur frostig leeres Leben,
Und ohne Macht sich offenbarend
In Seelen sich vom neuen schaffend
In sich, den Tod nur finden könnte.

33. Woche

Geheimnisvoll das Alt-Bewahrte **34. Woche**

Geheimnisvoll das Alt-Bewahrte
Mit neu erstandnem Eigensein
Im Innern sich belebend fühlen:
Es soll erweckend Weltenkräfte
In meines Lebens Außenwerk ergießen
Und werdend mich ins Dasein prägen.

(Gegenspruch: 19. Woche)

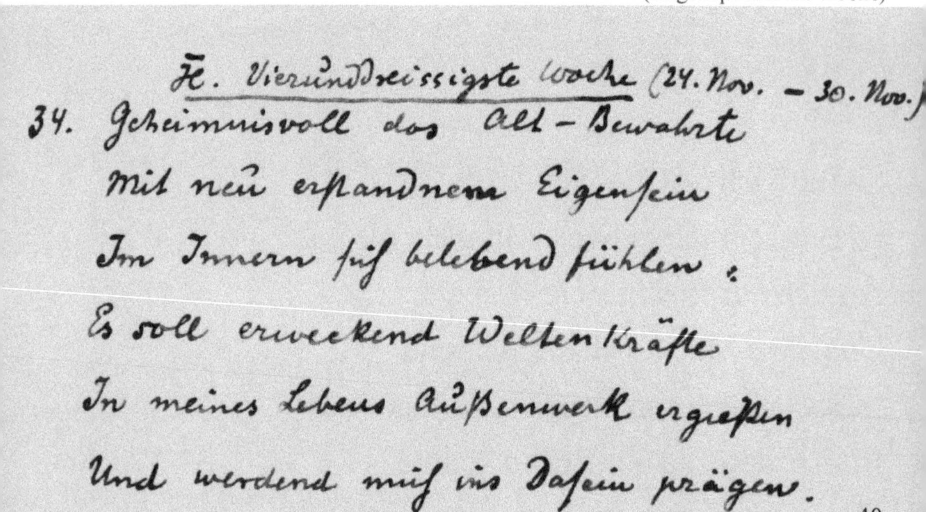
H. Vierunddreissigste Woche (24. Nov. – 30. Nov.)
34. Geheimnisvoll das Alt-Bewahrte
Mit neu erstandnem Eigensein
Im Innern sich belebend fühlen:
Es soll erweckend Weltenkräfte
In meines Lebens Außenwerk ergießen
Und werdend mich ins Dasein prägen.

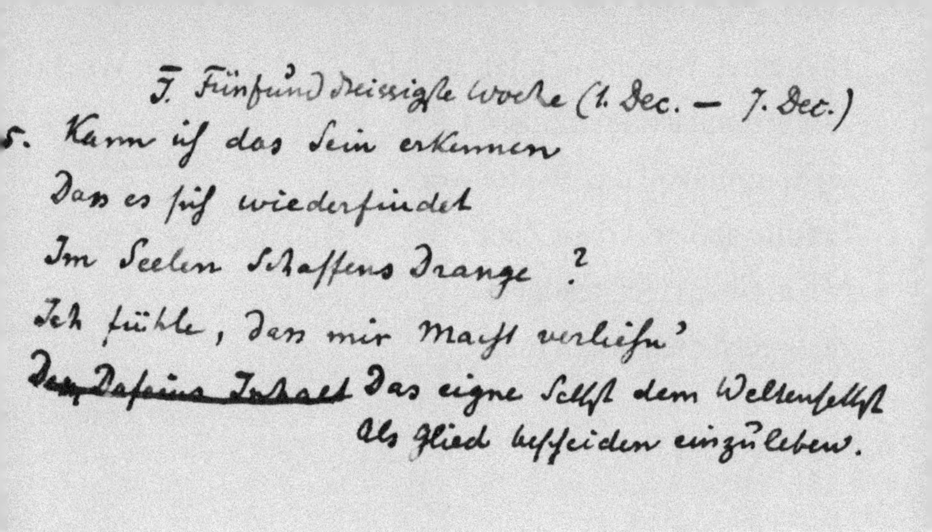
I. Fünfunddreissigste Woche (1. Dec. – 7. Dec.)
5. Kann ich das Sein erkennen
Dass es sich wiederfindet
Im Seelen Schaffens Drange ?
Ich fühle, dass mir Macht verlieh'n
~~Das Daseins Inhalt~~ Das eigne Selbst dem Weltenselbst
Als Glied bescheiden einzuleben.

(Gegenspruch: 18. Woche)

Kann ich das Sein erkennen
Dass es sich wiederfindet
Im Seelen Schaffens Drange?
Ich fühle, dass mir Macht verlieh'n
Das eigne Selbst dem Weltenselbst
Als Glied bescheiden einzuleben.

35. Woche

In meines Wesen(s) Tiefen spricht **36. Woche**
Zur Offenbarung drängend
Geheimnisvoll das Weltenwort:
Erfülle deiner Arbeit Ziele
Mit meinem Geisteslichte
Zu opfern dich durch mich.

(Gegenspruch: 17. Woche)

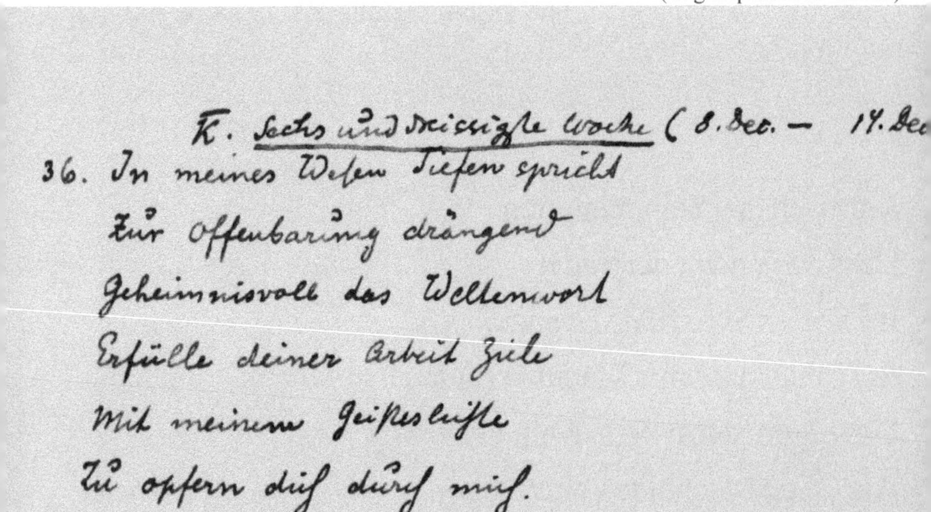
K. Sechs und dreissigste Woche (8. Dec. – 14. Dec

36. In meines Wesen Tiefen spricht
Zur Offenbarung drängend
Geheimnisvoll das Weltenwort
Erfülle deiner Arbeit Ziele
Mit meinem Geisteslichte
Zu opfern dich durch mich.

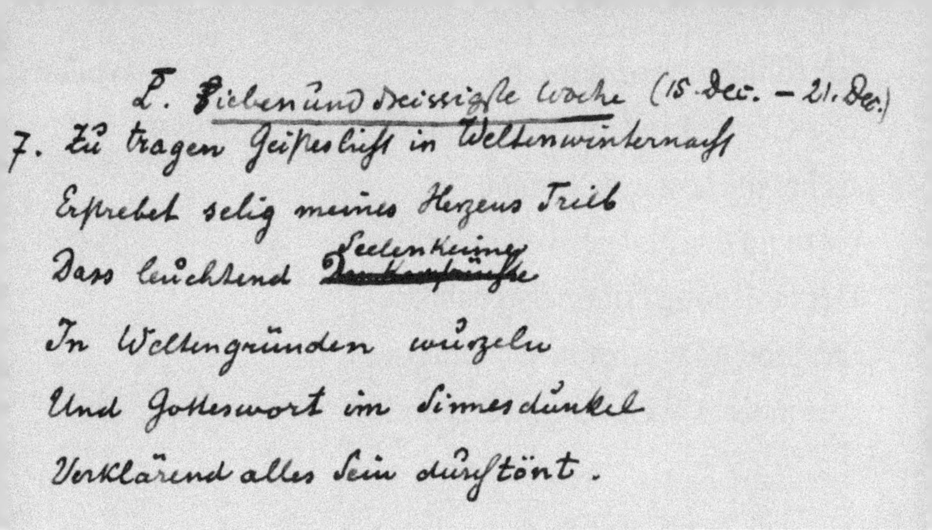
L. Siebenunddreissigste Woche (15. Dec. – 21. Dec.)
7. Zu tragen Geisteslicht in Weltenwinternacht
Erstrebet selig meines Herzens Trieb
Dass leuchtend Seelenkeime
In Weltengründen wurzeln
Und Gotteswort im Sinnesdunkel
Verklärend alles Sein durchtönt.

(Gegenspruch: 16. Woche)

Zu tragen Geisteslicht in Weltenwinternacht
Erstrebet selig meines Herzens Trieb,
Dass leuchtend Seelenkeime
In Weltengründen wurzeln
Und Gotteswort im Sinnesdunkel
Verklärend alles Sein durchtönt.

37. Woche

38. Woche

Weihe-Nacht-Stimmung

Ich fühle wie entzaubert
Das Geisteskind im Seelenschoß;
Es hat in Herzenshelligkeit
Gezeugt das heil'ge Weltenwort
Der Hoffnung Himmelsfrucht,
Die jubelnd wächst in Weltenfernen
Aus meines Wesens Gottesgrund.

(Gegenspruch: 15. Woche)

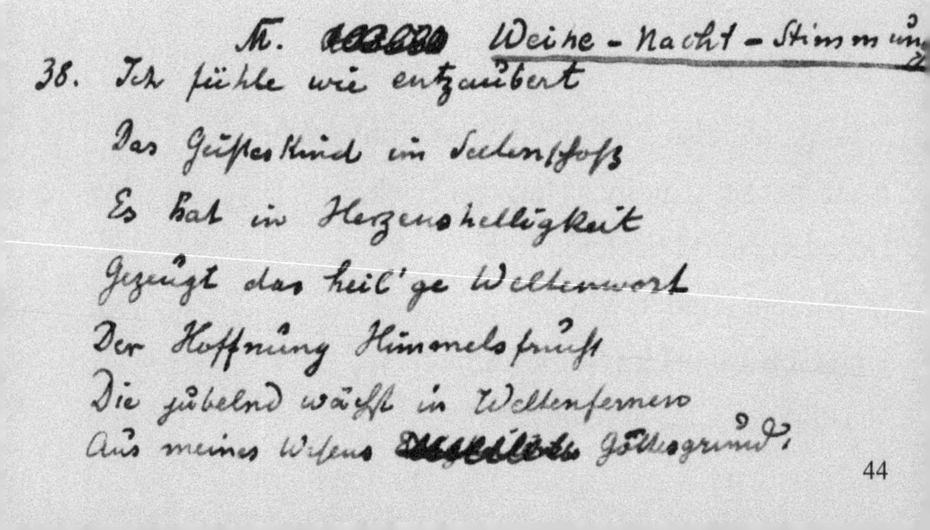
N. Weihe-Nacht-Stimmung
38. Ich fühle wie entzaubert
Das Geisteskind im Seelenschoss
Es hat in Herzenshelligkeit
Gezeugt das heil'ge Weltenwort
Der Hoffnung Himmelsfrucht
Die jubelnd wächst in Weltenfernen
Aus meines Wesens Gottesgrund.

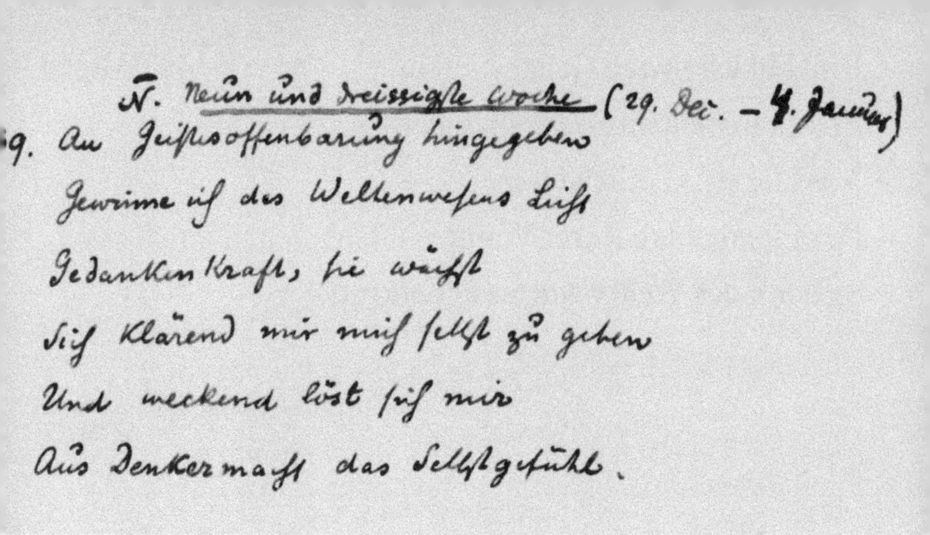

N. Neun und dreissigste Woche (29. Dec. – 4. Januar)

39. An Geistesoffenbarung hingegeben
Gewinne ich des Weltenwesens Licht
Gedankenkraft, sie wächst
Sich klärend mir mich selbst zu geben
Und weckend löst sich mir
Aus Denkermacht das Selbstgefühl.

(Gegenspruch: 14. Woche)

An Geistesoffenbarung hingegeben
Gewinne ich des Weltenwesens Licht,
Gedankenkraft, sie wächst
Sich klärend mir mich selbst zu geben
Und weckend löst sich mir
Aus Denkermacht das Selbstgefühl.

39. Woche

40. Woche

Und bin ich in den Geistestiefen,
Erfüllt in meinen Seelengründen
Aus Herzens Liebewelten
Der Eigenheiten leerer Wahn
Sich mit des Weltenwortes Feuerkraft.

(Gegenspruch: 13. Woche)

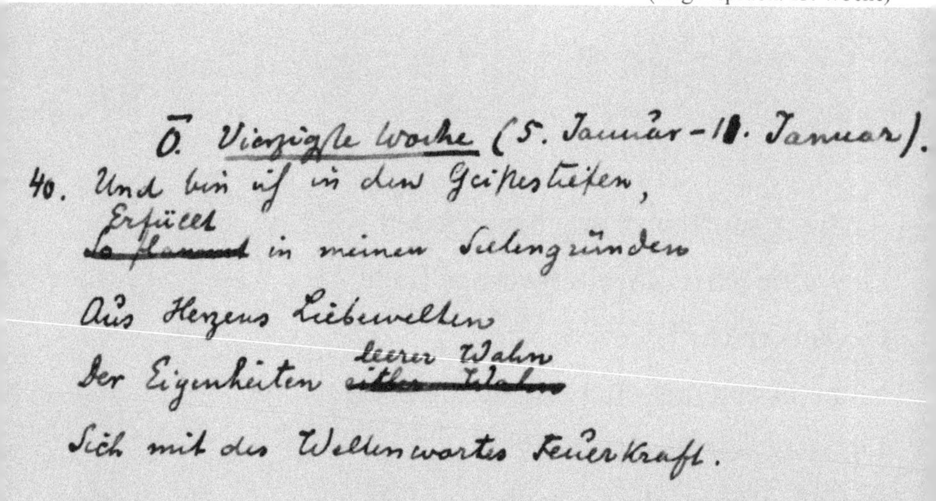
Ō. Vierzigste Woche (5. Januar – 11. Januar).
40. Und bin ich in den Geistestiefen,
Erfüllt in meinen Seelengründen
Aus Herzens Liebewelten
Der Eigenheiten leerer Wahn
Sich mit des Weltenwortes Feuerkraft.

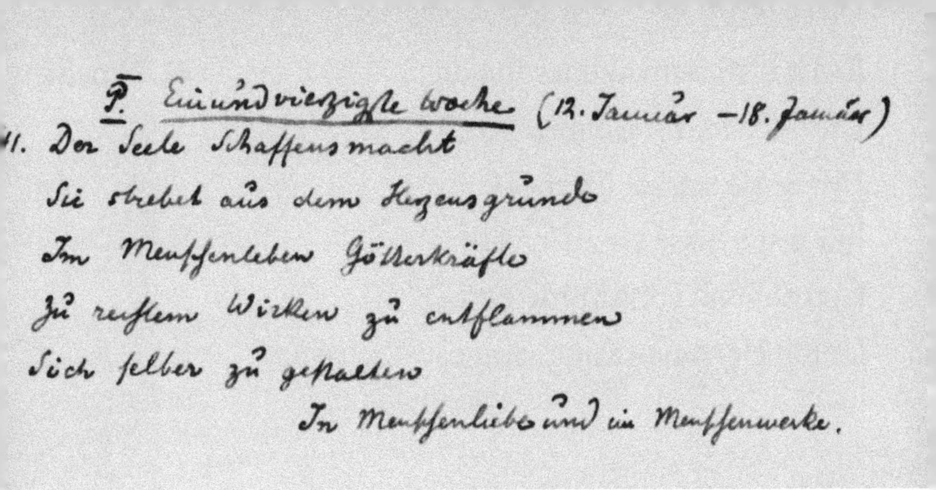
P. Einundvierzigste Woche (12. Januar – 18. Januar)

41. Der Seele Schaffensmacht
Sie strebet aus dem Herzensgrunde
Im Menschenleben Götterkräfte
Zu rechtem Wirken zu entflammen
Sich selber zu gestalten
In Menschenliebe und im Menschenwerke.

(Gegenspruch: 12. Woche)

Der Seele Schaffensmacht
Sie strebet aus dem Herzensgrunde,
Im Menschenleben Götterkräfte
Zu rechtem Wirken zu entflammen,
Sich selber zu gestalten
In Menschenliebe und im Menschenwerke.

41. Woche

42. Woche

Es ist in diesem Winterdunkel
Die Offenbarung eigner Kraft
Der Seele starker Trieb
In Finsternisse sie zu lenken
Und ahnend vorzufühlen,
Durch Herzenswärme, Sinnesoffenbarung.

(Gegenspruch: 11. Woche)

II. Zweiundvierzigste Woche (19. Januar – 25. Jan.)

42. Es ist in diesem Winterdunkel
Die Offenbarung eigner Kraft
Der Seele starker Trieb
In Finsternisse sie zu lenken
Und ahnend vorzufühlen
Durch Herzenswärme Sinnesoffenbarung.

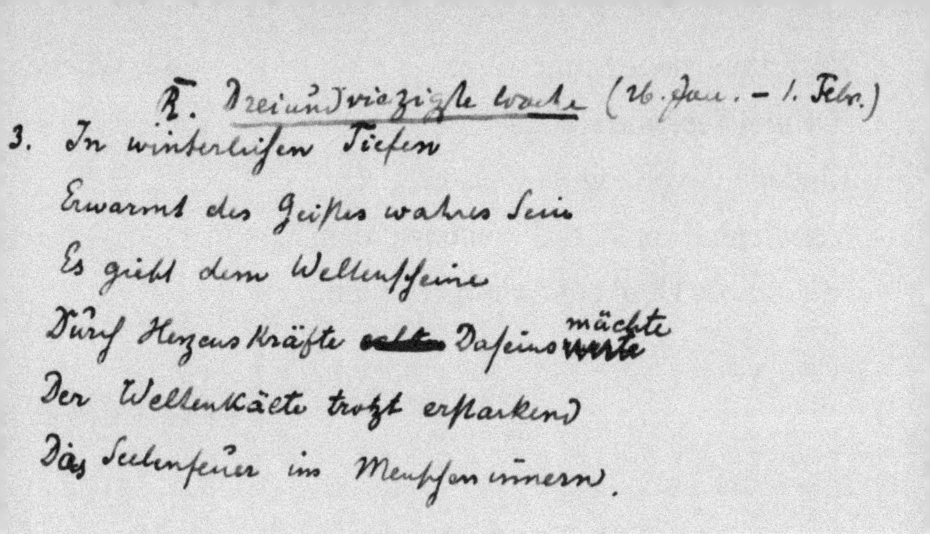

X. Dreiunddreißigste Woche (26. Jan. – 1. Febr.)

3. In winterlichen Tiefen
Erwarmt des Geistes wahres Sein
Es giebt dem Weltenscheine
Durch Herzenskräfte ~~echte~~ Daseins~~werte~~mächte
Der Weltenkälte trotzt erstarkend
Das Seelenfeuer im Menscheninnern.

(Gegenspruch: 10. Woche)

In winterlichen Tiefen
Erwarmt des Geistes wahres Sein
Es giebt dem Weltenscheine
Durch Herzenskräfte Daseinsmächte;
Der Weltenkälte trotzt erstarkend
Das Seelenfeuer im Menscheninnern.

43. Woche

Ergreifend neue Sinnesreize

44. Woche

Erfüllet Seelenklarheit,
Eingedenk vollzogner Geistgeburt,
Verwirrend sprossend Weltenwerden
Mit meines Denkens Schöpferwillen.

(Gegenspruch: 9. Woche)

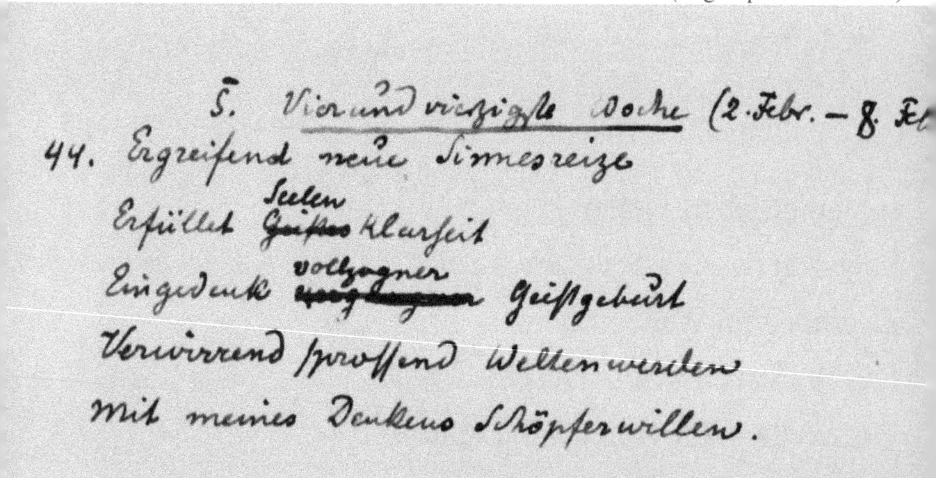

5. Vierundvierzigste Woche (2. Febr. – 8. Fe
44. Ergreifend neue Sinnesreize
Erfüllet Seelen Klarheit
Eingedenk vollzogner Geistgeburt
Verwirrend sprossend Weltenwerden
Mit meines Denkens Schöpferwillen.

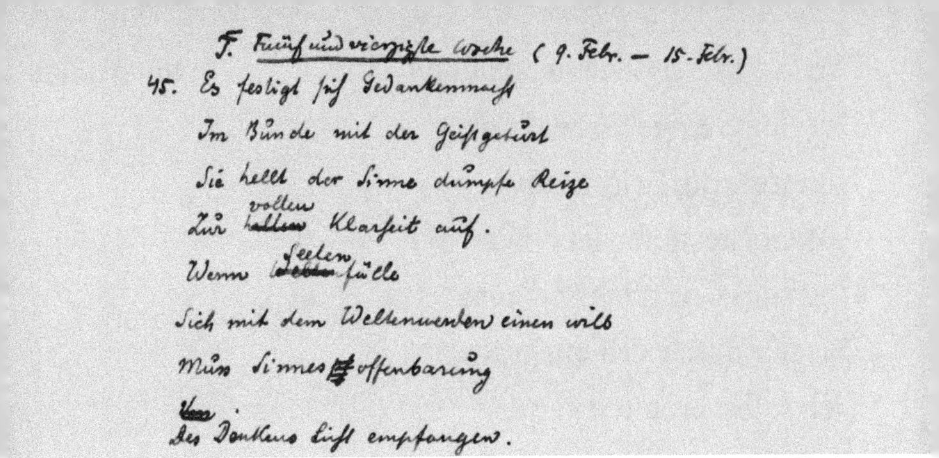
F. Fünfundvierzigste Woche (9. Febr. – 15. Febr.)

45. Es festigt sich Gedankenmacht
Im Bunde mit der Geistgeburt
Sie hellt der Sinne dumpfe Reize
Zur vollen Klarheit auf.
Wenn Seelenfülle
Sich mit dem Weltenwerden einen will
Muss Sinnesoffenbarung
Des Denkens Licht empfangen.

(Gegenspruch: 8. Woche)

Es festigt sich Gedankenmacht
Im Bunde mit der Geistgeburt,
Sie hellt der Sinne dumpfe Reize
Zur vollen Klarheit auf.
Wenn Seelenfülle
Sich mit dem Weltenwerden einen will
Muss Sinnesoffenbarung
Des Denkens Licht empfangen.

45. Woche

46. Woche

Die Welt sie drohet zu betäuben
Der Seele eingeborne Kraft;
Nun trete du, Erinnerung,
Aus Geistestiefen leuchtend auf
Und stärke mir das Schauen,
Das nur durch Willenskräfte
Sich selbst erhalten kann.

(Gegenspruch: 7. Woche)

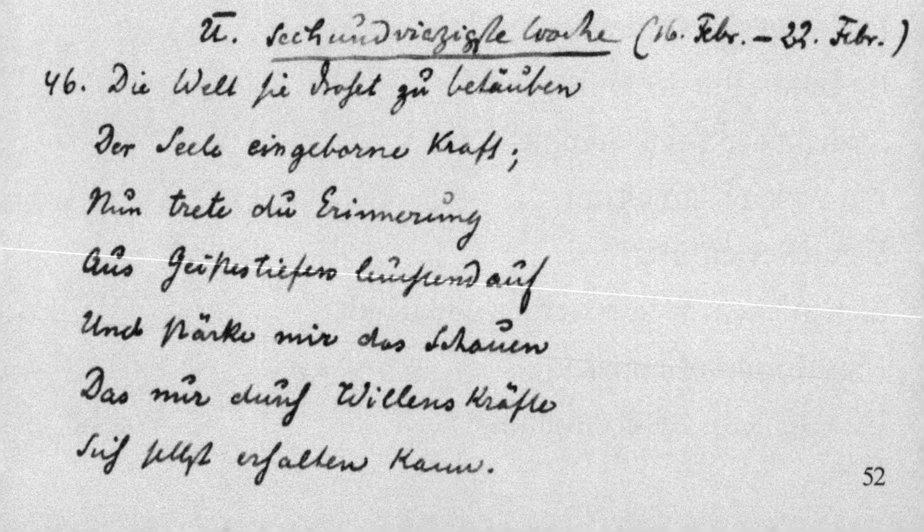

II. Sechsundvierzigste Woche (16. Febr. – 22. Febr.)

46. Die Welt sie drohet zu betäuben
Der Seele eingeborne Kraft;
Nun trete du Erinnerung
Aus Geistestiefen leuchtend auf
Und stärke mir das Schauen
Das nur durch Willenskräfte
Sich selbst erhalten kann.

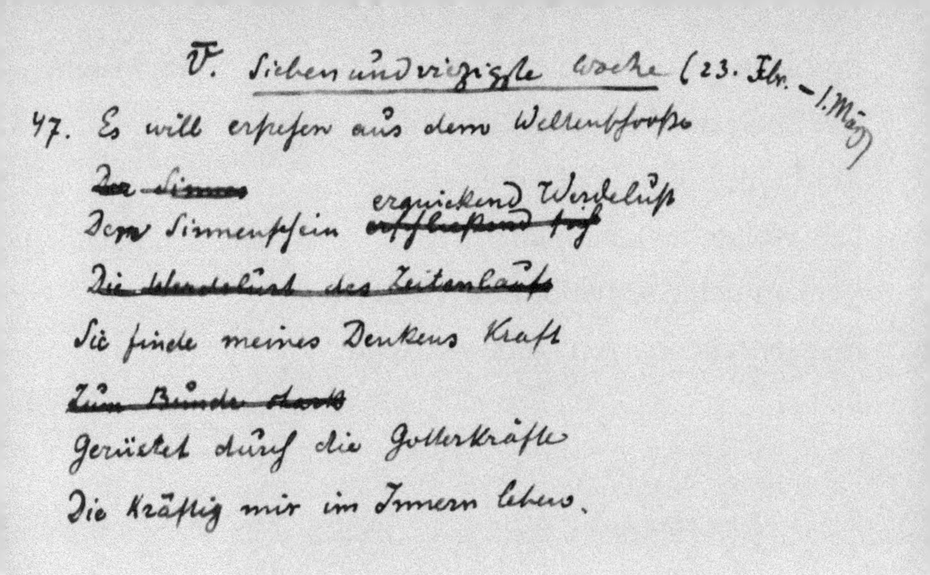
V. Siebenundvierzigste Woche (23. Febr. – 1. März)

47. Es will erstehen aus dem Weltenschoße

~~Der Sinnen~~

Den Sinnenschein erquickend Werdelust

~~Die Werdelust des Zeitenlaufs~~

Sie finde meines Denkens Kraft

~~Zum Bunde dort~~

Gerüstet durch die Götterkräfte

Die kräftig mir im Innern leben.

(Gegenspruch: 6. Woche)

Es will erstehen aus dem Weltenschoße
Den Sinnenschein erquickend, Werdelust,
Sie finde meines Denkens Kraft
Gerüstet durch die Götterkräfte
Die kräftig mir im Innern leben.

47. Woche

Im Lichte das aus Weltenhöhen **48. Woche**
Der Seele machtvoll fließen will
Erscheine, lösend Seelenrätsel,
Des Weltendenkens Sicherheit
Versammelnd seiner Strahlen Macht
Im Menschenherzen Liebe weckend.

(Gegenspruch: 5. Woche)

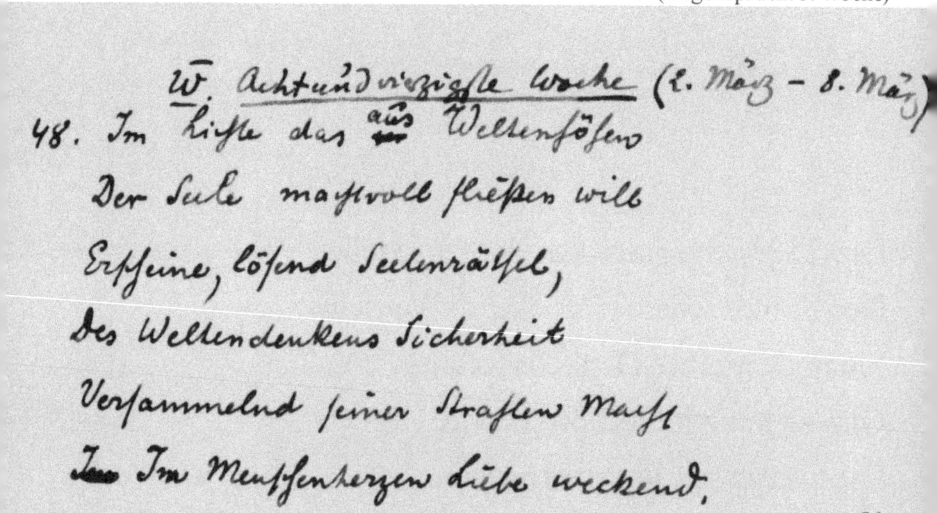

W. Achtundvierzigste Woche (2. März – 8. März)
48. Im Lichte das aus Weltenhöhen
Der Seele machtvoll fließen will
Erscheine, lösend Seelenrätsel,
Des Weltendenkens Sicherheit
Versammelnd seiner Strahlen Macht
Im Menschenherzen Liebe weckend.

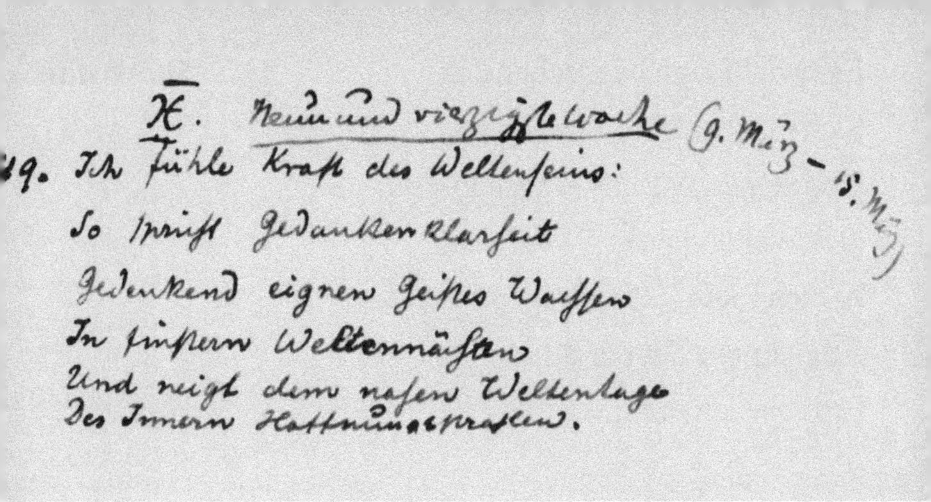

X. Neunundvierzigste Woche (9. März – 15. März)

49. Ich fühle Kraft des Weltenseins:
So spricht Gedankenklarheit
Gedenkend eignen Geistes Wachsen
In finstern Weltennächten
Und neigt dem nahen Weltentage
Des Innern Hoffnungsstrahlen.

(Gegenspruch: 4. Woche)

Ich fühle Kraft des Weltenseins:
So spricht Gedankenklarheit:
Gedenkend eignen Geistes Wachsen
In finstern Weltennächten
Und neigt dem nahen Weltentage
Des Innern Hoffnungsstrahlen.

49. Woche

Es spricht zum Menschen-Ich **50. Woche**
Sich machtvoll offenbarend
Und seines Wesens Kräfte lösend,
Des Weltendaseins Werdelust:
In dich mein Leben tragend
Aus seinem Zauberbanne
Erreiche ich mein wahres Ziel.

(Gegenspruch: 3. Woche)

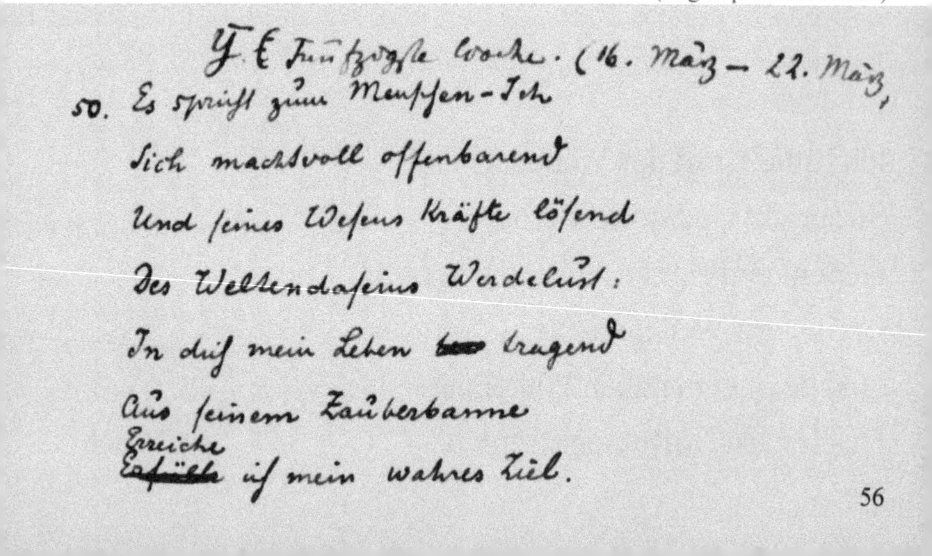
Fünfzigste Woche. (16. März – 22. März)

50. Es spricht zum Menschen-Ich
Sich machtvoll offenbarend
Und seines Wesens Kräfte lösend
Des Weltendaseins Werdelust:
In dich mein Leben ~~[illegible]~~ tragend
Aus seinem Zauberbanne
Erreiche
~~Erfühle~~ ich mein wahres Ziel.

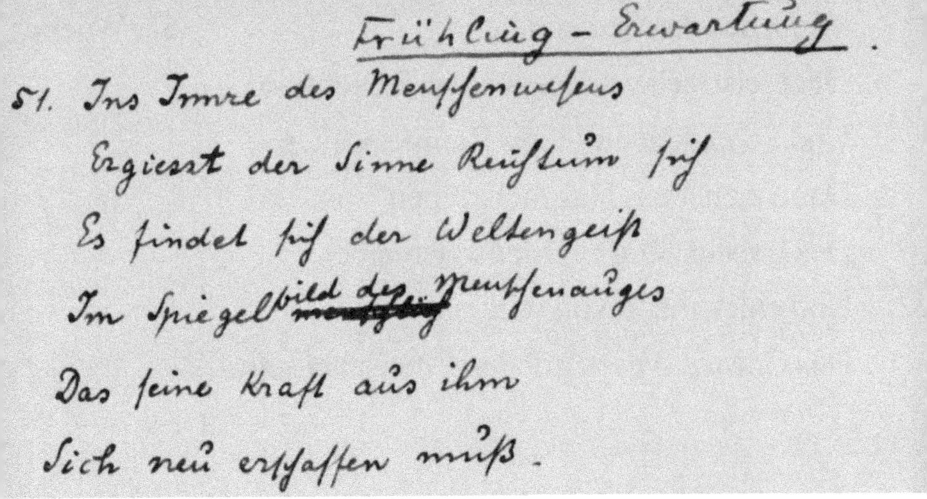
Frühling - Erwartung.

51. Ins Innre des Menschenwesens
Ergiesst der Sinne Reichtum sich
Es findet sich der Weltengeist
Im Spiegelbild des Menschenauges
Das seine Kraft aus ihm
Sich neu erschaffen muß.

(Gegenspruch: 2. Woche)

Ins Innre des Menschenwesens
Ergiesst der Sinne Reichtum sich,
Es findet sich der Weltengeist
Im Spiegelbild des Menschenauges,
Das seine Kraft aus ihm
Sich neu erschaffen muß.

Frühling-Erwartung

51. Woche

52. Woche

Wenn aus den Seelentiefen
Der Geist sich wendet zu dem Weltensein
Und Schönheit quillt aus Raumesweiten
Dann ziehet aus Himmelsfernen
Des Lebens Kraft in Menschenleiber
Und einet, machtvoll wirkend,
Des Geistes Wesen mit dem Menschensein.

(Gegenspruch: 1. Woche)

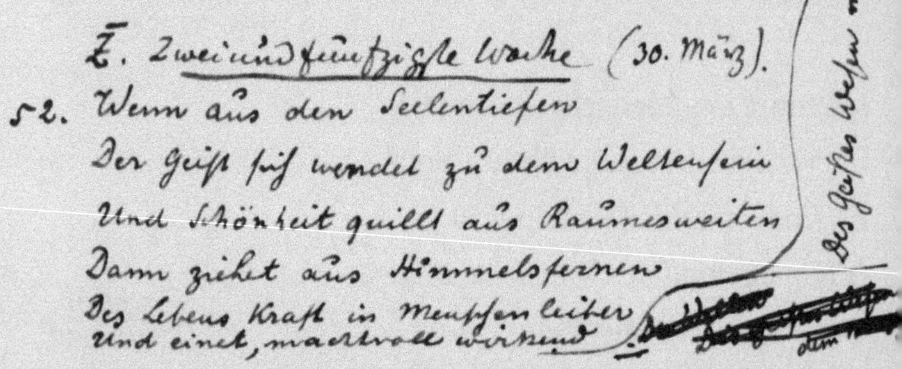
I. Zweiundfünfzigste Woche (30. März).
52. Wenn aus den Seelentiefen
Der Geist sich wendet zu dem Weltensein
Und Schönheit quillt aus Raumesweiten
Dann ziehet aus Himmelsfernen
Des Lebens Kraft in Menschenleiber
Und einet, machtvoll wirkend
Des Geistes Wesen mit dem Menschensein

Einleitung zur 1. Ausgabe (1912)

(*Im Jahre 1879 nach des ICH Geburt,* «Seelenkalender»)

Mit der Welt und ihrem Zeitenwandel verbunden fühlt sich der Mensch. In seinem eigenen Wesen findet er das Abbild des Welten-Urbildes. Doch ist das Abbild nicht sinnbildlich-pedantische Nachahmung des Urbildes. Was die große Welt im Zeitenlauf offenbart, entspricht einem Pendelschlag des Menschenwesens, der nicht im Element der Zeit abläuft. Es kann vielmehr fühlen der Mensch sein an die Sinne und ihre Wahrnehmungen hingegebenes Wesen als entsprechend der licht- und wärme-durchwobenen Sommernatur. Das Gegründetsein in sich selber und das Leben in der eigenen Gedanken- und Willenswelt kann er empfinden als Winterdasein. So wird bei ihm zum Rhythmus von Außen- und Innenleben, was in der Natur in der Zeiten Wechselfolge als Sommer und Winter sich darstellt. Es können ihm aber große Geheimnisse des Daseins aufgehen, wenn er seinen zeitlosen Wahrnehmungs- und Gedankenrhythmus in entsprechender Weise zum Zeitenrhythmus der Natur in Beziehung bringt. So wird das Jahr zum Urbild menschlicher Seelentätigkeit und damit zu einer fruchtbaren Quelle echter Selbsterkenntnis. In dem folgenden Seelen-Jahres-Kalender wird der Menschengeist in derjenigen Lage gedacht, in welcher er an den

Jahreszeiten-Stimmungen von Woche zu Woche das eigene Seelenweben im Bild an den Eindrücken des Jahreslaufes *erfühlen* kann. Es ist an ein *fühlendes* Selbsterkennen gedacht. Dieses fühlende Selbsterkennen kann an den angegebenen charakteristischen Wochensätzen den Kreislauf des Seelenlebens als zeitlosen an der Zeit erleben. Ausdrücklich sei gesagt, es ist damit eine Möglichkeit eines Selbsterkenntnisweges gedacht. Nicht «Vorschriften» nach dem Muster theosophischer Pedanten sollen gegeben werden, sondern vielmehr auf das lebendige Weben der Seele, wie es einmal sein kann, wird hingewiesen. Alles, was für Seelen bestimmt ist, nimmt eine individuelle Färbung an. Gerade deshalb aber wird auch *jede* Seele ihren Weg im Verhältnis zu einer individuell gezeichneten finden. Es wäre ein Leichtes zu sagen: So, wie hier angeführt, *soll* die Seele meditieren, wenn sie ein Stück Selbsterkenntnis pflegen will. Es wird *nicht* gesagt, weil der eigene Weg des Menschen sich Anregung holen soll an einem gegebenen, nicht sich pedantisch einem «Erkenntnispfad» fügen soll.

Textvarianten

In der 1. Ausgabe 1912 sind gegenüber der Handschrift u. a. folgende Änderungen vorgenommen worden:

15. Woche, Zeile 2: «des Geistes Weben»;
19. Woche, Zeile 4: «Er soll erstarkend»;
20. Woche, Zeile 5: «In sich»;
23. Woche, Zeile 6: «des Herbstes Winterschlaf»;
28. Woche, Zeile 2: «Erfühlen eignen Wesens».

Diese Änderungen können schwerlich auf Rudolf Steiner zurückgeführt werden, da sie – mit Ausnahme der Änderung in der 28. Woche – dem Inhalt nach nicht sinnvoll sind. Beispiel: In der 20. Woche enthält der Gegenspruch (33. Woche) – «an sich» und «in sich». In der Handschrift enthalten stimmig beide Wochensprüche «an sich» und «in sich». Nach der 1. Ausgabe ist für die 27. Woche (3. Zeile) vielfach «das» in «dass» geändert worden (s. Kasten).

27. Woche, 3. Zeile: «das» oder «dass»?

A. «Dass ich mich … finde … als Sommersonnengabe» ist widersinnig:

1. «Dass ich mich selbstbetrachtend finde» – das hieße: Mein Ich betrachtend finde ich mein Ich, was widersprüchlich ist;
2. solange das Ich sich noch nicht gefunden hat, sollte es heißen «suchen», nicht «finden»;
3. das Ich «als Sommersonnengabe» würde heißen, dass vor einer solchen «Gabe» das Ich nicht da ist.

B. «… ein Sehnen, das ich … finde» – ist sinnvoll:

1. Ich kann dieses «Sehnen» in mir «finden»;
2. ein (solches) Sehnen ist eine Gabe der Sommersonne;
3. dieses Sehnen wirkt in mir wie ein «Keim», wie ein «Kräftetrieb».

Zu dieser Ausgabe

Diese Ausgabe des «Seelenkalenders» folgt der Fassung der Handschrift Rudolf Steiners, wie sie faksimiliert wiedergegeben ist (S. 7-58 – vgl. *Beiträge zur Rudolf Steiner Gesamtausgabe,* Nr. 37/38, S. 6-23). Die Zeichensetzung ist in der Handschrift kaum vorhanden. Sie wird durch die der 1. Ausgabe (*Im Jahre 1879 nach des ICH Geburt,* «Seelenkalender») – allerdings abgetönt – ergänzt. Für die einmalige Lektüre ist der objektive Inhalt wichtig und die Zeichensetzung soll dementsprechend einen allgemeingültigen Charakter haben. Für die wiederholte Meditation ist das anders: Nicht der objektive Inhalt steht hier im Vordergrund, sondern das ganz individuelle Erleben. Hier gilt eine innerlich erlebte «Zeichensetzung», die immer neue Formen annehmen kann. Der Meditierende kann z. B. in der 2. Zeile der zweiten Woche zu einer gewissen Zeit ein abschließendes Semikolon erleben. Im Laufe der Zeit kann sich aber sein Überblick so erweitern und sein Erleben so vertiefen, dass sich für ihn das Semikolon in einen dynamischeren, die ersten zwei Zeilen erklärenden Doppelpunkt verwandelt. So möchte die Abtönung auch dazu dienen, dass die Zeichen leicht übergangen werden können.

Das Vorwort zur 2. Ausgabe (S. 5) und die Einleitung zur 1. Ausgabe (S. 59) sind der neuen Rechtschreibung behutsam angepasst.

Die Textvarianten zwischen der Handschrift und der 1. Ausgabe sind auf S. 61 angeführt. Betreffs des Entwurfs des Umschlags (S. 6) s. das genannte *Beiträge*-Heft, S. 5.

Jedes Jahr wird zu Ostern mit der 1. Woche begonnen. In Bezug auf die Beweglichkeit des Osterfestes heißt es in den *Beiträgen* (Nr. 37/38, S. 4): «‹Damals fragte ich [Johanna Mücke] Herrn Doktor darum und er sagte: die Hauptsache sei, daß immer mit der ersten Strophe zu Ostern begonnen werde. Die Verschiebung habe nicht viel zu bedeuten, da er immer je drei Strophen der Wochensprüche in der gleichen Stimmung gehalten habe.› … äußerte er sich genau so Marie Steiner gegenüber: ‹Die Sprüche seien innerlich so gestaltet, daß je drei Sprüche sich an eine Grundstimmung schließen, dann wieder drei die nächste Stimmung umfassen.›»

Das auf S. 4 angeführte Vorwort zum Seelenkalender (s. *Beiträge,* S. 36) wurde in keiner der drei zu Lebzeiten Rudolf Steiners erfolgten Ausgaben (1912, 1918 und 1925) gedruckt.

Rudolf Steiner (1861-1925) ergänzt die moderne Naturwissenschaft durch eine umfassende Geisteswissenschaft, die Anthroposophie, die in der heutigen Kultur eine einzigartige Herausforderung zur Überwindung des Materialismus ist, der die Menschheit in den Untergang zu führen droht.

Die Anthroposophie hat ihre Fruchtbarkeit vor allem in der Erneuerung verschiedener Lebensbereiche gezeigt: der Erziehung, der Medizin, der Kunst, der Landwirtschaft. Der Wahrheitsgehalt der Geisteswissenschaft lag Rudolf Steiner ganz besonders am Herzen, weil er in ihm den Inspirations- und Kraftquell für alle äußere Tätigkeit sah.

Von den Vorträgen Rudolf Steiners sind Klartextübertragungen und Nachschriften unterschiedlicher Qualität erhalten. Die Vorträge lagen bis vor Kurzem überwiegend in einer stark bearbeiteten Fassung vor. Die ursprünglichen Klartextübertragungen, die zu Beginn des 21. Jahrhunderts der Öffentlichkeit zugänglich gemacht worden sind, machen es möglich, dem von Rudolf Steiner gesprochenen Wort näherzukommen.